그 속에서
놀던 때가
그립습니다

어린 시절이 그리울 때
찾아 읽는 추억 이야기

그 속에서
놀던 때가
그립습니다

―

택리지 지음

테라코타

(목차) : **들어가는 말** 009

01
놀이

달려서 귀가하던 시절 014
노는 게 제일 좋아 016
소때이 018
하늘 위로 활을 쏘다 020
공터에서 022
폭죽의 추억 024
실러캔스 026
나만 빼놓고 028
연 날리기 030
깐부 032
태어난 김에 세계일주 035
슬리퍼 신고 설산을 횡단하다 038
딱지 대장 040
포켓몬 빵 스티커과 야구 선수 카드 043
사총사의 구미 나들이 046
동네 사랑방 048
불타는 피부 050
그네 타다 팔을 삐다 051
구슬의 추억 054
미친 행동 056
현규와의 추억 058

02 먹거리

도시락 064
국수의 추억 066
밤 서리 068
산딸기 070
제일 맛있는 전 072
강정과 한과 074
라면 먹는 법 076
5월의 간식 078
메주 080
호두과자의 추억 083
홍시 085
비지 087
무와 고구마 089
콩고물 091
호박죽의 추억 093
그 가게의 쥐포 095
무와의 악연 097
두부와 맷돌 100
냉장고와 수박 102
잔칫집 풍경 104

03 동식물

박쥐 110
사슴벌레에 관통당하다 112
개구리와 두꺼비 114
뱀딸기와 쇠뜨기 117
아낌없이 줬던 자두나무 119
깻잎의 추억 121
바랭이풀 123

개와 송아지 126
이놈의 쥐를 어찌하나? 128
누에의 추억 130
농업시간, 닭과 돼지 종류 배우기 133

04
가족
비행기 장난감 138
소독약 140
안테나 사건 142
눈물을 훔치며 농약을 뿌리다 144
효자로 오해받다 147
딱지 150
구들장 152
무당과 굿 154
비 오는 날의 풍경 157
갈라진 발뒤꿈치 160
비와 우산 162
어머니의 수박들 164
옷 166
형과 찰흙 169
나이 든 조카 이야기 171
경운기를 안 배운 이유 173
가족사진 175

05
생활
환경 정리 180
오줌 182
이제는 말할 수 있다 184

때 검사의 추억 186

이상한 가정 조사의 추억 188

전화기의 추억 190

첫사랑 그 소녀 192

교실 바닥 195

묘사 이야기 197

새마을 노래 199

겨울이 싫었던 이유, 톱질 202

틀면 나오는 온수는 기적이다 204

1987년 깨진 유리창의 추억 206

유치원의 추억 209

못질의 추억 211

고등학교에 관한 단상 213

방학숙제1 215

검색의 단점 218

별 220

방학 숙제2 223

시험 등사기 225

겨울 이야기 227

머릿니 230

대도, 택리지 232

국기 하강식 234

1983년 어느 가을날의 야외 수업 236

삼시세끼 238

고무줄 240

볏짚 242

지붕 없는 화장실 244

풍경 246

일러두기

당시의 생활상을 생생히 전하기 위해 표준어 규정과 달리 경상도 방언이나 외래어, '국민학교' 등과 같은 표현을 그대로 살려 편집했습니다.

들어가는 말

저는 경영학과를 졸업하고 증권 회사에서 직장 생활을 시작했습니다. 길지 않은 시간이지만, 삼성, LG, SK 세 군데 계열사에서 근무했더군요. 그리고 30대 중반에 퇴사했고, 거의 20여 년 동안 1인 기업을 운영하고 있습니다.

금융 관련 일을 하다가 우연찮은 기회에 책을 썼습니다. 감사하게도 제 책들은 거의 다 베스트셀러가 되었고, 16주 동안 경제경영 분야 1위를 기록하기도 했습니다. 그 책의 인기에 힘입어 총 10권의 책을 썼습니다. 그런데 가슴 한편에는 언젠가 내 이야기를 쓰고 싶다는 욕심이 늘 있었습니다. 반드시 써야 한다는 의무감도 조금씩 생겼습니다. 내가 안 쓰면 내가 경험했던 70년대 말, 80년대의 초중고 시절의 이야기가 잊힐 수 있겠다는 생각이 들었습니다. 찾아봐도 그 당시의 시골 생활과 학교 생활을 기록한 책은 없는 듯했습니다.

저는 면 단위의 산골 마을에서 태어났고 자랐습니다. 그리고 읍 단위의 중학교와 고등학교를 졸업했습니다. 아주 작은 시골 학교였습니다. 문과 1반, 이과 1반, 고작 두 반밖에 없는 작은 고등학교였죠. 돈이 없었기에 대구로 유학을 가거나, 인근 명문고로의 진학은 생각할 수도 없었습니다. 이런 이야기를 틈이 날 때마다 친구와 선배들에게 하곤 했습니다. 그런데 다들 너무 재미있게 들어주었고, 꽤 공감하기도 했습니다. 그래서 2017년부터 초중고 단체 채팅방에 매일 글을 썼습니다. 역시나 폭발적인 반응이 돌아왔습니다. 2019년부터는 대학의 과대표 단체 채팅방에 글을 올렸습니다. 여기서도 마찬가지였습니다. 심지어 유료라도 구독하겠다는 친구도 많았습니다. 휴일을 제외한 모든 날에 글을 연재하기 시작했습니다.

　이 글은 《천일야화》에서 따와 '천일주화'라는 이름으로 여러 단체 채팅방에서 연재하고 있습니다. 얼마전 1000화를 다 채웠습니다. 완주 기념으로 친구들과 함께 조촐한 축하 파티도 열었습니다. 친구들에게서 책으로 엮어 내달라는 요청을 받았습니다. 그리고 시즌 2도 부탁해서, 시즌 10까지 하겠다고 포부를 밝혔습니다. "천일주화"에서 "만일주화"로 이름도 고쳤습니다.

　제 이야기는 지극히 개인적인 이야기일 수도 있지만 어린 시절 모두가 겪었던 이야기도 많습니다. 대부분의 친구들은 잊고 살거나 부분적으로만 기억하고 있지만, 저는 선택적이기는 하겠지만 어릴 적 많은 일을 경험했고 지금도 생생히 기억하고 있습니다. 그리고 나이가 들수록 기억이 하나씩 사라지는 것이 염려되어, 하나라도 기억날 때 기록으로 남겨야 한다고 생각했습니다. 그리고 생각나는 모든 것을 메모하고 정리해서 글로 쓰고 있습니다.

　한 사람 한 사람은 모두 거대한 도서관이라는 말이 있습니다. 글솜씨는 부족하지만, 제게 특별히 주어진 기억력을 바탕으로 많은 이야기를 풀어가려고 합니다. 재미있게 읽어 주시면 제게도 기쁨이 될 듯합니다. 이제 함께 과거로 여행을 떠나보시겠습니까?

01 놀이

노는 것과 먹는 것의 즐거움을
잃어버리지만 않는다면,
삶은 그만큼 재미있지 않을까?

달려서
귀가하던
시절

우리집에서 덕촌국민학교까지는 십 리로 기억한다. 십 리면 4킬로미터라는 건데, 지도를 보며 확인해보니 그만큼은 아니었다. 정확히 2.6킬로미터쯤 된다. 그래도 짧은 거리는 아니었다. 꼬맹이 시절을 감안하면 굉장히 먼 거리다. 그 거리를 걸어서 등하교를 했으니 하루에 최소한 5킬로미터는 걸었던 셈이다.

아마도 3학년 무렵이었던 거 같다. 봉곡 2동에는 남자애가 6명이었고 여자는 홍일점, 황혜수만 있었다. 아무튼 남자아이들 여섯 명이 무슨 마음에서인지 교문을 나서자마자 뛰기 시작했다. 급할 게 없었는데도 그냥 뛰었다. 그 시절에 무슨 이유가 필요한가? 그냥 내키는 대로 사는 때인걸. 늘 선두에는 조우하가 있었다. 우리 중에 우하가 제일 빨랐다. 그렇게 뛰어서 공터에 이르렀다. 아마도 15분쯤 걸렸을 거다. 1킬로미터를 5분 안에 뛰었을 거며, 중간에 조금 쉬었을 테니까.

뛸 때 가방이 정말 성가셨다. 가방끈을 꽉 조여 맨다 해도 가방 안의 책과 공책의 무게는 상당했다. 게다가 도시락도 있었기 때문에…. 사각형의 양은 도시락 안에는 숟가락도 들었을 거고, 빈 도시락 안에서 숟가락은 춤을 췄을 테다. 아주 시끄럽게. 그나저나 우리는 그때 왜 달렸을까?

노는 게
제일 좋아

'노는 게 제일 좋아'로 시작하는 노래가 있다. 유아 프로그램 뽀로로의 주제가다. 뽀로로는 귀여운 펭귄이고 뽀로로의 친구들은 처음에 네 명이였다가 요즘에는 열 명 정도로 늘어난 듯싶다.

나에게도 노는 게 제일 좋았던 시절이 있었다. 국민학교 시절이다. 그때는 매일매일 뭘 하면서 놀까 하는 기대와 설렘이 있었다. 매일 놀아도 질리지 않았다. 계절에 따라 놀이는 자연스럽게 변해 있었다.

봄 무렵에 노는 놀이가 있었고 여름에 하는 놀이가 있었고 추워지면 하는 놀이들이 기막히게 바뀌었다. 그것도 돈이 거의 필요 없는 놀이였으니 얼마나 건전했던지.

그런데 40살이 넘고 50대가 되어도 노는 건 여전히 즐겁다.

20대에는 40대, 50대가 되면 별로 재밌지 않을 거 같았다. 그런데 그렇지 않다. 아마도 70, 80대에도 노는 건 여전히 재미있을 것 같다.

　노인이 되어도 어릴 적 친구들과 만나면 동심의 세계로 가지 않을까. 한두 살 후배들과 만나면 어깨에 힘이 팍 들어가고, 한두 살 선배들을 만나면 약간의 어리광을 부리게 되는 걸 보면 모든 건 상대적인 듯하다.

　AI가 절대로 따라 할 수 없을 것 같은 게 바로 '노는 거' 아니겠냐는 지인의 말에 공감이 된다. 노는 것과 먹는 것의 즐거움을 잃어버리지만 않는다면, 삶은 그만큼 재미있지 않을까?

소때이

표준말로는 자치기라 부르는 놀이를 우리 동네에선 소때이라고 했다. 다른 동네에서는 어떻게 불렀는지 모르겠다. 소때이는 50센티미터 가량의 긴 막대와 한 뼘쯤 되는 작은 막대만 있으면 되는 놀이다. 작은 막대의 양쪽은 낫으로 뾰족하게 깎아야 했다. 그리고 공터의 한쪽 끝에 땅을 일자로 30센티미터, 깊이 5센티미터로 팠고, 그 끄트머리에 작은 막대를 비스듬히 올려놓았다. 그리고 주위에 동그라미를 그렸던 거 같다.

공격팀과 수비팀이 있고, 공격팀은 일자로 파놓은 홈 위에 작은 막대를 올린다. 그리고 긴 막대로 작은 막대를 힘껏 밀어 올린 후 쳐서 앞으로 최대한 멀리 보낸다. 그때 '소때이!'라고 외친다. 수비수가 못 잡을 곳으로 작은 막대를 보내는 게 중요했다. 작은 막대를 잘 띄우고, 잘 타격해야 하는 게임. 문제는 작은 막대의 앞부분을 요령껏 쳐야 알맞게 띄울 수 있었다. 못 띄우거나 띄웠지만 타격을 못해도 공수가 바뀐다.

  탁월한 수비수는 그 작은 막대를 잡았다. 물론 야구처럼 땅에 닿기 전에 잡아야 아웃이다. 야구의 안타 또는 홈런을 쳤다면, 공격수는 자기가 날려 보낸 작은 막대기까지의 거리를 추측해서 말해야 한다. 긴 막대의 길이를 한 자로 치기 때문에, 잘 계산해서 불러야 했다. 가령 100자라고 불렀다면, 수비팀은 그 긴 막대를 이용하여 '한 자, 두 자' 하며 꼼꼼하게 쟀다.

  이걸 그 추운 겨울에 했다. 왜 굳이 겨울에 했는지 지금 생각해도 의문이다. 장갑을 끼기도 했지만 대개 그냥 맨손으로 놀았다. 작은 막대에 맞을 수도 있어 위험이 없다고는 못하는 놀이, 소때이.

  무엇이든 참 없던 시절, 그냥 공터만 있으면 동네 녀석들 모두 즐겁게 뛰어놀 수 있던 그 시절. 가난했지만 그렇게 힘들거나 어렵지는 않았던 게, 잘 놀던 게 참 감사하다.

하늘 위로
활을 쏘다

　겨울 놀이 가운데 활쏘기 놀이가 있었다. 활은 대나무를 휘어서 만들었다. 나무의 뿌리 부분을 이용할 수도 있었고, 줄기 부분을 이용할 수도 있었다. 뿌리는 어린 우리가 다루기에 쉬운 편이었다. 잘 휘는 장점도 있지만, 탄력이 좀 부족하다는 단점을 동시에 갖고 있었다. 반면 줄기 부분은 너무 강해서 엄두를 내기 어려웠으나 방법은 있었다. 줄기를 정확하게 두 쪽으로 나눈 다음에 반쪽으로 활을 만드는 거다. 그런데 이 경우는 쪼개진 가장자리를 손질하지 않으면 손이 베일 수 있었다.
　화살 만들기도 그다지 어렵지 않았다. 화살촉은 철못의 앞부분을 잘라서 만들었고 화살 몸통은 갈대를 잘 다듬어서 만들었다. 갈대에는 마디가 있어서 그 마디 부분이 어느 정도는 촉을 가둬둘 만했다. 그래도 표적에 맞거나 땅에 꽂히면 마디 부분이 뚫려서 일회용으로 그치긴 했다.

 화살과 활이 완성되면 표적으로 삼은 나무에 신나게 쏘아댔다. 그리고 멀리 쏘는 시합도 했다. 주우러 가기가 귀찮아지면 누가 높이 쏘는지도 겨뤘다. 사실 높이를 잴 수가 없었기 때문에 늦게 떨어지는 화살이 가장 높이 올랐다고 판단했다.

 다들 힘껏 활시위를 당겼다가 놓았다. 그리고 모두의 눈은 자기의 화살의 궤적을 쫓았다. 정점에 이른 후 화살들은 땅을 향해 '쏜살같이' 내리꽂힌다. 지금 생각해보면 위험천만한 놀이다. 만약 사람 몸에 꽂힌다면 상상하기도 무서울 정도다. 사실 그럴 위험은 다분했다. 왜냐하면 화살을 수직으로 쏘아 올리니 대부분 우리 근처에 떨어졌기 때문이다.

 그러던 어느 날, 오후였다. 6학년이 된 나는 화살을 쏜 후 갑자기 위험을 인지하고 망부석 옆의 큰 묘비 밑으로 피신했다. 거긴 비를 피할 만큼의 공간이 있었으므로 화살이 온다 해도 안전했기 때문이다. 이 무렵 겁이 많아진 건지 아니면 철이 들어서 그랬던 건지 잘 모르겠다. 아무튼 그날 이후 하늘로 화살 쏘기는 다시는 절대로 하지 않는 놀이가 되었다.

공터
에서

　　　　신작로에서 300미터 정도 쭉 올라가면 공터가 나왔다. 신작로가 아스팔트로 덮인 것은 국민학교 5학년 무렵이었다. 공터는 대충 200평은 되지 않았을까 싶다. 공터의 입구에는 회나무가 있었다. 마을의 모든 길은 그 공터로 모였고, 그곳은 온 동네를 연결해주는 구심점이었다.

　어린 시절, 아무것도 가진 건 없었지만 부족함을 느끼지 않았다. 그냥 공터만 있으면 됐다. 그곳에서 친구들과 형들 몇몇만 있으면 며칠이고 심심하지 않았다.

　너무 춥지 않은 날에는 사다리와 오징어, 다방구를 했다. 그리고 공이 있으면 축구와 야구를 했다. 그리고 제법 추운 겨울에는 소때이와 깡통차기를 했다.

　오후 네다섯 시 무렵에는 주로 깡통차기를 했다. 공터의 한가운데 깡통을 두고 술래를 제외한 모든 친구가 여기저기 숨었다. 술래가 숨은 친구를 하나씩 찾아나선다. 이때는 잘 숨는 게 최고의 기술이었지만, 결국 달리기가 관건이었다. 빨리 달려서 1센티미터라도 먼저 다리를 뻗어 깡통을 냅다 걷어차야 했다.

그렇게 한두 시간을 놀다 보면 어느새 해가 지기 시작했다. 더 놀아야 할지, 집에 가야 할지 참 애매한 시간이었다. 어두워진 만큼 스릴도 넘쳤고 신이 나기도 했다.

술래가 눈을 감고 숫자를 셀 때 친구들은 다 같이 작당 모의를 하곤 했다. 숨지 말고 그냥 집으로 가버리자고. 그럼 술래는 한참 찾다가 모두 집으로 도망한 것을 알아채고 분통을 터트리며 돌아갔다. 그 낭패감과 배신감은 아주 컸다.

그렇게 신나게 뛰어놀다가 집에 돌아와 대충 씻고 저녁을 먹은 뒤 잠에 들었다. 그리고 술래는 다음 날에도 신나게 깡통차기를 하리라 꿈꾸며, 내일은 반드시 복수하리라 다짐도 한다. 아마 꿈속에서도 여러 번 깡통차기를 했을 것이다.

그렇게 하루하루 지났고 계절이 지났고 한 해가 갔다. 그리고 하나둘씩 졸업하고 돈을 벌기 시작했다. 나는 고향을 떠나버렸고 친구들과도 멀어졌다. 환하게 빛났던 어릴 적 추억의 장소인 그 공터는 지금도 변함이 없는데….

폭죽의
추억

여의도 불꽃축제, 부산 광안리 불꽃축제 등 어마어마한 규모의 불꽃축제가 많이 생겨났다. 폭죽의 가격만 몇 십억 원이 넘는다 하니 참 대단하다. 하긴 폭죽의 종류가 어찌 그리 다양한지 감탄사가 절로 난다. 가끔 바닷가에 가면 밤에 젊은 이들이 폭죽을 몇 개씩 들고 하늘로 쏘아 올리곤 한다. 제법 멋있어 나도 해보고 싶으나 그러기엔 민망한 나이가 되어버렸다.

국민학교 고학년쯤 되었을 때 폭죽이 등장했고 많이 사기도 했다. 콩알처럼 생겨 밟으면 딱딱 하는 소리가 나는 콩알탄이 있었다. 그리고 바닥에 고정시켜 놓고 불을 붙이면 크리스마스 트리마냥 활활 타오르는 폭죽도 있었다. 그리고 방문의 고리 양쪽에 매어놓는 폭죽도 있었다. 그걸 모르고 방문을 열었다가 간 떨어질 뻔했던 기억이 있다. 다양한 폭죽 중에서 아무래도 모래 같은 데 꽂아놓은 후 불을 붙이면 하늘로 슈웅 하고 10여 미터 오른 후 공중에서 뻥뻥 하고 터지는 것이 제일 멋있었다.

  이런 신문물이 들어오기 전에는 쥐불놀이를 참 많이 했다. 통조림 깡통이나 그것보다 좀 더 큰 깡통을 이용해서. 못과 망치로 깡통의 옆면과 바닥 면에 구멍을 내고 양쪽에 철사 줄을 달았다. 그걸 잡고 오른팔을 빙빙 돌렸다. 물론 깡통 안에는 적당한 나무와 불쏘시개를 넣었다.

  산불의 위험이 있었으니 좀 널찍한 동네의 논에 모여 각자 만들어 온 불깡통을 돌렸는데, 멀리서 보면 도깨비불이 춤추는 듯한 느낌을 줬을지도 모르겠다. 그러다 어느 순간 다 함께 불깡통을 힘껏 하늘 높이 집어던졌다. 이게 바로 하이라이트. 공중에서 흩어지는 불꽃들이 참 멋졌다. 문제는 옷이었다. 옷 여기저기에 구멍도 나고 운 없으면 화상도 입고 그랬다는….

실러
캔스

국민학교 시절, <소년중앙>이나 <어깨동무> 같은 월간 만화잡지에 열광했다. 물론 그 비싼 잡지를 산 적은 없었다. 굳이 살 필요도 없었다. 옆집의 형찬이가 잡지를 구독했기 때문이다. 잡지가 형찬이네 도착하면 나까지 덩달아 몸이 달았다.

주로 형찬이 삼 남매가 잡지를 볼 때 어깨 너머로 도둑 독서를 했다. 아니면 그들이 충분히 본 후 눈치껏 보거나, 운 좋은 때는 그 책을 집에 빌려와서 좀 더 편한 분위기에서 읽었다. 물론 책을 넘길 때도 조심했고, 빌려올 때의 책 상태와 다르지 않게 유지했다. 되게 고마운 대여였다.

잡지에서 종종 다루었던 주제는 백두산 천지 괴물, 네스호의 네시, 마추픽추, 이스터 섬의 모아이석상 그리고 실러캔스였던 듯하다. '주먹대장' 같은 만화도 놀라웠지만, 세계의 불가사의들을 대할 때 머리가 쭈뼛 설 정도로 놀랍고 흥분하기도 했다.

실러캔스는 3억 9,000만 년 전부터 6,600만 년까지 생존하다 멸종했다고 추정되는 물고기 화석이었다. 그런데 1938년 동아프리카 바다에서 잡혀 화제가 되었다. 만화잡지를 보기 시작한 게 1979년 정도였을 듯하니 그 당시로서는 꽤 최근에 일어난 일이었다. 지금은 거의 90여 년 전, 까마득한 과거의 일이지만.

지난주 서대문 자연사박물관에 갔다. 그곳에 실러캔스가 전시되어 있었다. 그걸 보면서 40여 년 전의 일들이 확 살아난 듯했다. 그 물고기에 전율을 느꼈던 10대 초반의 시절이 함께 찾아온 듯했다. 한참을 보다가 집으로 돌아왔다. 여전히 그 기억과 감동은 남아 있다.

나만
빼놓고

요즘 많이 언급되는 증후군이 포모증후군일 것이다. 포모(FOMO)는 'Fear Of Missing Out'의 약자이다. 흐름을 놓치고 있는 것 같은 심각한 두려움 또는 세상의 흐름에서 자신만 제외되고 있다는 공포를 나타내는 일종의 고립공포감을 뜻한다. 가령 집값이 급등할 때 집 없는 사람들의 심리가 이럴 테고, 요즘 같은 배터리 주식 급등기에는 에코프로(ECOPRO) 주식이 한 주도 없는 사람들이 그렇게 느낄 듯하다.

어릴 적 나도 심각한 포모증후군을 앓았다. 친구나 가족들이 나만 빼고 좋은 데를 갈까 봐 늘 걱정이었다. 실제로 그런 일이 종종 벌어졌기 때문이다.

국민학교 6학년 때 어린이날 행사를 위해 선산읍에 가서 장을 봐야 할 일이 있었다. 봉곡 1동, 2동 친구들이 대략 열네 명이었는데, 그 중요하고 재밌는 쇼핑에 나와 인국이만 쏙 빼놓고 가버린 것이다. 아마도 이 녀석들이 작당하고 기습적으로 간 게 아닐까 싶다. 의리 없는 녀석들.

우리 동네는 가운데에 공터가 있었고 공터 왼편에는 동사무소가 있었다. 공터의 아래쪽에는 회나무가 있었는데 아이들은 그 회나무 밑 또는 동사무소의 그늘 밑에 다들 모여 있곤 했다. 점심을 먹고 공터로 가면 대체로 대여섯 명은 있었다. 많을 때는 십여 명이 있었다. 놀 사람은 늘 있었다.

하루는 내가 조금 늦게 내려갔다. 그랬더니 공터에 아무도 없는 게 아닌가! 단체로 어딘가에 간 건 확실한데 어딘지 도무지 알 길이 없었다. 그리고 몇 시간 뒤 친구들이 떼거지로 나타났다. 산속 개울가에서 가재를 몇 마리 잡아 왔더라. 나만 빼놓고 갔단 말이지. 어찌나 서운하던지.

또 한번은 동네 초중고 학생들 다같이 이상한 숭배를 한 적이 있었단다. 아주 큼직한 사슴벌레를 잡았나 보다. 흔하지도 드물지도 않은 곤충인데 무슨 바람이 불었는지, 그 사슴벌레를 제단(아마도 비석)에 올려놓고 모두 절을 했다는 거다. 한마디로 우상숭배 같은 거랄까. 어린 내게는 그게 참 볼만했겠다 싶었고, 나만 빼놓고 그렇게 재미난 걸 했다는 불만만 가득했다.

연
날리기

　　　　겨울이 되고 찬바람이 세게 불 때면 다들 연을 만들어 날렸다. 빳빳한 달력이나 신문지로 연을 만들었다. 달력 종이는 확실히 튼실하기는 했는데, 왠지 잘 뜨지 않았다. 그래서 신문지를 많이 사용했다. 신문지가 의외로 잘 찢어지지 않고, 가볍기도 해서 잘 날아올랐던 것 같다.
　종이를 정한 다음에는 대나무 살을 만들었다. 다행히 옆집, 뒷집에 대나무가 많아서 바짝 마른 대나무를 구하기 쉬웠다. 방패연은 만들기 어려웠기에 비교적 쉬운 가오리연을 만들었다. 신문지를 정사각형으로 오려낸 후 마름모 형태로 놓은 다음 십자 모양으로 뼈대를 붙였다. 세로로 뼈대를 붙인 뒤, 가로로 대나무 살을 붙일 때는 살짝 휘게 해서 팽팽하게 고정했다. 뼈대를 만드는 것이 제일 중요하고 어려운 작업이었다.

뼈대를 다 만들면 가오리 수염도 붙이고 긴 꼬리도 만든다. 또 중요한 게 있는데 바로 실이다. 집에 남아도는 실뭉치를 대나무 살의 적당한 부위에 묶으면 가오리연 만들기가 끝났다. 조심스럽게 연을 들고 나가서 적당히 펼쳐 들고 힘껏 뛰어본다. 뛰는 속도와 바람의 세기에 따라 연이 날아올랐다. 운이 없는 날에는 나뭇가지에 걸리거나 전깃줄에 걸리곤 했다. 나무에 걸리면 답이 없었다. 다시 만들어야 했다.

 잘 날아오른 연이 뒷산 꼭대기 높이까지 올라가 바람에 둥실둥실 춤을 추면 기분이 참 좋았다. 그 추운 겨울바람에도 콧물을 질질 흘리면서 잘들 놀았다. 연을 제대로 만들기 위해 선산 읍내에 나가서 나일론 실타래를 사 오기도 했다. 요즘 아이들은 연을 만들 생각도, 엄두도 못 낼 것이다. 우리는 웬만하면 거의 다 만들었다. 좀 어설퍼도 흉내는 냈고 덕분에 재미있게 놀았다.

깐부

추석 연휴가 좀 길었다. 월급 받는 사람에게는 연휴가 짧았을 것이고, 월급 주는 사람 또는 독고다이로 사는 사람에게는 길었을 듯하다. 난 가끔 언급하듯이 연휴를 싫어한다. 내게 월급 주는 사람이 없기 때문인지도 모르지만, 사무실에 나오면 그냥 좋다. 약간 과장하자면, 살아 있음을 느끼기도 한다. 그런데 이번 달에 대체 공휴일이 생겨서 상당히 짜증이 나고 있다.

연휴를 잘 보내는 방법은 아무래도 평소 보고 싶었던 드라마나 영화를 몰아서 보는 것. 이번 추석 연휴에 대박이 난 드라마가 있다. 다들 알거나 봤을 법한 '오징어게임'이다.

그 얼마나 그리웠던 말인가? 오징어게임, 다방구, 사다리게임, 구슬치기, 땅따먹기, 술래놀이, 깡통 차기 등 유년 시절 추억 속의 게임들. 그 가운데 오징어게임은 가장 격렬했다. 그렇기 때문에 여자아이들은 오징어게임을 별로 하지 않았던 듯싶고, 남자아이들은 아주 많이 했다. 내 또래 남자라면 이거 하다가 다치거나 옷이 찢어지는 경험을 다들 해봤을 것이다.

드라마 오징어게임에서 '길남' 할아버지가 '깐부'라는 단어를 말했다. 솔직히 처음 들어본 말이다. 우리 어릴 적에 저런 말을 썼던가? 아마도 서울 등 수도권에서는 제법 썼나 보다. 경상도에서는 다른 말을 썼던 거 같은데 무슨 단어인지는 도통 기억나지 않는다. 깐부는 '동지', '동맹', '같은 편' 등의 의미를 갖고 있단다.

나에게는 두 명의 깐부가 있었다. 4학년 때는 옆집 형찬이가 내 첫번째 깐부였다. 드라마 속에서처럼 소재가 '구슬'은 아니었고 '딱지'였다. 깐부끼리는 니 꺼 내 꺼가 없었다. 그냥 우리 꺼다. 딴살림(?) 차리면 그걸로 끝이다. 그런데 처음에는 정말 피를 나눈 사이로 시작하지만, 얼마 지나지 않아 딴생각, 욕심이 파고 들었다. 우리 또한 결국 파경을 맞았다. 나랑 형찬이는 깐부를 맺기 전보다 더 나쁜 관계가 형성되고 말았다. 안 하느니만 못한 결과였다.

그런데 5학년 때 깐부의 나쁜 기억을 잊고 말았다. 또 다른 깐부를 찾은 것이다. 권일이었다. 덕촌의 권일이. 우리는 '일이'라고 불렀다. 당시 외자가 드물었다. 아마도 유일한 외자를 가진 친구였던 거 같다.

 일이와 왜 친해졌는지는 나도 잘 모르겠다. 집은 서로 아주 먼 거리에 있었지만 깐부를 맺었다. 혼자 거의 한 시간을 걸어 깐부, 일이를 만나러 갔다. 물론 걸어갔다. 그리고 주로 일이와 어린 남동생 그리고 준호랑 놀았다. 휴일마다 멀고 먼 윗동네로 가서 놀다 온 느낌이다. 덕촌 위쪽에 제법 큰 개울과 물웅덩이가 있었는데 우리는 거기서 낚싯대를 들이댔다. 그날 일이의 어린 동생은 너무 흥분한 나머지 벌떡 일어서다가 웅덩이에 빠져서 옷이 흠뻑 다 젖었다.

 드라마 '오징어게임' 때문에 오랜 깐부 형찬이와 일이가 생각났다. 나중에 다 같이 모여서 오징어게임을 해도 좋겠다. 너무 과격해지면 그냥 구슬치기나 딱지 따먹기를 해야 할 수도.

태어난
김에
세계일주

 별의별 프로그램이 쏟아지고 있다. 그중 여행 프로그램이 정말 다양하다. 재미있게 보고 있는 것들 가운데, '텐트 밖은 유럽'이 있다. 1편은 유해진 팀이 스위스-이탈리아를 다녀왔고 2편은 조진웅 팀이 스페인을 횡단했다. 그리고 지금 다시 유해진 팀이 노르웨이를 다니는 중이다.

 '태어난 김에 세계일주'라는 여행 프로그램도 있다. 여행자가 정말 뜻밖의 인물이다. 기안84다. 이 친구는 좀 괴짜다. 자기 머리를 본인이 직접 깎는다. '중이 제 머리 못 깎는다'는 말이 있듯이 누가 자기 머리를 깎나 싶은데, 이 친구는 그걸 한다. 외모에 별 관심이 없다. 쥐가 파먹은 것처럼 대충 자른다.

 사람들은 이런 괴짜를 좋아하기도 한다. 일단 재밌으니까. 사람들에게 잘 보이려고 하지 않고 있는 그대로의 모습을 보여주니까 친근한 느낌이 든다.

 1편은 남미를 다녀왔고 2편은 인도를 갔다. 지금 화면은 바라나시. 갠지스강이 흐르는 인도의 성지라고 한다. 갠지스강에서는 사람을 화장하고 재를 그 강에 뿌린다. 화장터가 강변에 있다. 그리고 모든 걸 강에 버리니 강물은 그야말로 더럽다. 거기에 인도인들은 몸을 담그고 심지어 마시기도 한다.

 2005년에 인도를 십여 일 다녀왔다. 그때 철칙이 절대로 물을 조심하는 거였다. 마트에서 파는 생수 아니면 끓인 물을 마시라고 신신당부했다. 수돗물이나 식당에서 주는 물을 마시면 배탈이 나기 때문이다. 다행히 머무는 동안 한 번도 배탈 때문에 고생하지는 않았다.

 반면 기안84는 갠지스강에서 수영도 했고, 분위기 때문에 강물을 조금 마시는 장면도 있었다. 어어어, 마시면 안 되는데! 절로 말이 나왔다. 뒷 이야기는 일단은 별문제가 없었던 듯하다. 그는 대단한 위장을 가졌다.

 국민학교 고학년 무렵, 나는 봉곡과 신곡 앞을 흐르는 개천에서 많이 놀았다. 장마철 빼고는 물이 조금씩 흘렀다. 움푹 패인 부분에 물이 좀 고여 있어서 거기서 헤엄 치고 놀았다.

 문제는 그 물이 너무 더러웠다는 것. 사실 그 물의 상당 부분은 봉곡 1동의 똥물이었다. 저 윗쪽의 미영이네 젖소들과 정수네 소들, 창주네 소들이 배출하는 똥오줌이 봉곡을 동서로 가로 지르며 개천으로 모였다. 그 물은 아래로 흘러 문제의 '수영장'으로 모였다. 우린 그 똥물에서 놀았던 거다. 피부병에 안 걸린 게 기적이다. 배탈이 안 난 게 이상할 정도다. 갠지스강 물보다 우리 동네 개천물이 몇 배는 더 더러웠을 텐데! 그래도 그 속에서 놀던 때가 그립습니다.

슬리퍼
신고
설산을
횡단하다

    6학년 겨울 방학이었던 것 같다. 나와 서너 명의 동네 친구들이 함께였다. 무슨 바람이 불었는지 그냥 뒷산에 산보를 갔다. 나는 앞이 막히고 뒤꿈치가 트인 겨울용 슬리퍼를 신고 올라갔다.

    산의 중턱 정도까지만 갈 줄 알았다. 그런데 무슨 마음으로 그랬는지는 모르겠지만, 모두 조금만 더 올랐다가 내려가자고 했다. 비교적 따뜻한 날이라서 그랬을까. 그런데 문제는 산 정상과 그 위쪽은 눈이 좀 쌓여 있었다는 것.

    결국, 산 정상까지 올랐다. 그리고 능선을 따라 북쪽으로 향했다. 이제는 뭐 돌아가기엔 너무 많이 온 느낌이었다. 다행히 그때까지만 해도 발이 시리거나 춥지는 않았다. 봉곡 2동에서 시작해 봉곡 1동을 지났다. 거기서 한참을 더 가니 덕촌까지 이르렀다. 저 아래쪽에 학교가 보였다. 덕촌 국민학교.

꽤 반갑기도 했고 이제 살았구나 하는 생각도 들었다. 점점 추워지기도 했고 발도 시리고 배도 고파졌기 때문이다. 내려오는 도중에 뜻밖의 사람을 만났다. 이름 모를 1년 위 누나였다. 그 누나와 엄마로 보이는 두 사람이 나무를 하고 있는 듯했다. 서로 민망했기에 얼른 시선을 돌렸고 재빠르게 하산했다.

신작로에 이르렀을 때, 좀더 안심이 되었다. 거기서 집까지는 3킬로미터는 되었지만, 워낙 익숙한 길이었고 평탄한 길이었기 때문이다. 다행히 그때 주머니에는 돈이 있어서 그 돈으로 점빵에 들러 빵을 사 먹었다. 허기를 달래고 다시 길을 나섰다.

빵을 사 먹고 나니 버스비가 없기도 했지만 버스가 다닐 시간도 아니어서 결국 터벅터벅 집까지 걸어왔다. 집에 돌아온 이후 바로 발을 씻고 뜨끈한 아랫목에 언 발을 녹였다. 좀 간지러웠다. 정말 대책없는 산행이었다. 그땐 왜 그랬을까? 참 알다가도 모를 일이다.

딱지
대장

지금 생각해보면 신기한 일이 있다. 겨울이 되면 자치기, 연날리기, 썰매 타기 등을 했고 봄이 되면 구슬치기, 딱지 따먹기, 다방구, 오징어게임을 하는 식으로, 때가 되면 특정 놀이를 주기적으로 하게 된다는 것이다. 이건 정말 본능적으로 하는 듯이 너무나 자연스러웠다.

우리는 '민족 중흥의 역사적 사명'을 이루기 위해 태어난 게 아니라, '재밌게 놀기' 위해 태어난 놈들처럼, 미친 듯이 놀았다. 노는 게 좋았다. 너무 신났다. 방과 후에 노는 것도 모자라, 등교 전에도 공터에서 사다리를 몇 판 뛴 다음에 갈 정도였다. 어떤 때는 등교 중에도 산 위로 빠져서 지천에 피어 있는 참꽃을 따 먹고, 뒤이어 흐드러지게 핀 아카시아꽃을 훑어 먹었다.

또, 학교에서 점심 도시락을 안 먹고 대신 하굣길에 숲속 적당한 장소(그곳은 무덤이었다)를 찾아 잔디밭에 앉아서 먹었다. 마치 소풍 온 느낌이 났다. 자주 그랬다. 우린 놀기 위해 태어났고 노는 것 자체를 즐겼다. 내일은 또 뭘 하며 놀까 기대했다. 가뭄이 들어도 홍수가 나도 우리는 어떤 상황에서도 놀 수 있었다.

수많은 놀이 가운데 구슬치기와 딱지 따먹기는 돈이 필요했다. 동심의 세계에 자본주의 물결이 거세게 몰아친 셈이다.

딱지 따먹기 방법이 가장 다채로웠다. 한 판에 20장 정도 들어 있는 동그란 딱지가 있었고 가격은 10원이었다. 100원이면 꽤 많은 딱지를 살 수 있었다. 딱지는 선을 잡은 사람과 글자 수 또는 별 개수가 누가 더 많은지를 비교해서 승부를 겨뤘다. 나는 그래서 글자 수가 많은 딱지를 좋아했다.

그러다 나는 5학년 때 동네 아이들의 딱지를 싹쓸이해버렸다. 그리고 딱지를 팔아서 돈도 두둑히 벌었다. 한 주에 몇 천 원까지 땄다. 비결이 있었다. 아니 사실 속임수를 썼다. 타짜 수준이었던 형의 가르침을 전수받았던 것이다. 글자 수가 많은 딱지를 손바닥에 미리 숨겨뒀다가 자연스럽게 그 위에 올려놓는 방법이었다. 형은 연습을 많이 하라고 했고 '하루에 한 번' 정도만 써 먹으라고 신신당부했다.

연습을 거듭하고 실전에 들어갔다. 들킬까 봐 가슴이 쿵쿵 뛰었다. 용기를 내서 실행에 옮겼다. 당연히 이겼다. 처음이 어렵지, 두세 번은 쉬웠다. 재미가 들러 자주 써먹었다. 한동안은 들키지 않았다. 다들 자기 딱지에만 온통 신경을 썼기 때문에 나의 행동은 보지 않은 것이다. 물론 나의 재빠른 손놀림을 눈치채기 힘들었을 것이다. 애초에 그런 나쁜 짓을 내가 하리라곤 친구들은 상상도 못했을 것이다.

  그래서 몇 해 전 친구들이 서울에 왔을 때 한턱냈다. 친구들과 그 가족들에게 고기를 배불리 먹였다. 몇십 배로 갚았다. 친구들아, 이것으로 퉁치자.

포켓몬 빵 스티커와 야구 선수 카드

요즘 단연 화제에 오른 빵이 있다. 16년 만에 재출시된 '포켓몬빵'이다. 포켓몬빵에 동봉된 '띠부씰'(떼었다 붙였다 하는 스티커)을 구하기 위해 마트와 편의점 앞에 오픈런 사태가 벌어지고 있다. 중고 시장에서는 웃돈 거래가 성행할 정도다.

빵 하나의 가격은 1,500원인데, 띠부씰은 비싼 건 3만 원까지도 거래되고, 희귀 스티커 빵의 경우는 5만 원까지 거래된다고 한다. 빵 가격의 30배에 거래되는 셈이다. 출시된 지 한 달여 만에 1000만 개 가까이 팔렸다고 하는데, 이는 150억 원어치의 빵이 팔린 셈이다. 실제로 SPC 삼립의 주가도 20% 정도 오른 듯하다. 빵이 뭐라고.

빵의 인기를 기사를 통해 대충은 알고 있었다. 그런데 예능 프로그램 '미우새'에서 스티커에 빠진 임원희 씨의 행동을 보고서 '이게 진짜 장난 아니구나' 싶었다. 띠부씰의 총 개수는 159개에 달한다. 사는 빵이 족족 서로 다른 스티커가 나온다는 가정을 한다 해도 빵값만 24만 원 정도 필요하다.

그런데 이런 걸 해본 사람은 안다. 다 모으는 게 얼마나 어렵고, 돈이 많이 드는지. 아마도 100만 원을 써도 159개를 모으기가 힘들 거다. 전체를 다 모은 띠부씰의 가격이 110만 원에 거래된다고 한다.

나도 미친 듯이 모았던 카드가 있다. 그 시절 인기 절정이었던 프로 야구 선수 카드 모음집이었다. 당시 여섯 개 구단이 있었다. 한 구단의 선수가 못해도 20여 명은 되었을 것이다. 한 구단에 20명만 잡아도 총 120명의 선수가 있었을 것이다. 그 당시 이 카드가 어떤 상품에 부록처럼 들어가 있었다. 그 상품이 뭔지는 기억이 나질 않는다. 빵은 아니었고, 과자였는지도 모르겠다.

인기가 있었던 이만수, 김용희, 김용철 같은 선수들의 카드는 쉽게 구할 수 있었다. 그런데 별로 유명하지 않고 실력도 고만고만한 선수들 가운데 유독 귀한 카드 몇 장이 있었다. 그 카드를 구하려고 애를 썼다. 그리고 동네의 후배와 카드를 교환하기도 했고, 웃돈을 받고 팔기도 했다.

거의 다 모았지만, 한두 선수의 카드를 끝내 채우지 못했다. 그 카드 첩을 완성하면 주어지는 상품이 있었다. 구체적으로 생각나진 않지만 엄청난 가치의 무언가로 기억하고 있다.
 없는 주머니 사정이었음에도 나는 '카드에 미쳐' 돈을 낭비했다. 진짜 코 묻은 돈을 긁어간 그 상술이 놀랍다. 그리고 오늘날 그것의 재탕, 삼탕이 나오는 것도 재밌다.

사총사의
구미 나들이

　　광철, 보용, 태성 그리고 나는 굉장히 잘 뭉쳤다. 사총사라고 해도 과장이 아닐 거다. 물론 여러 사건과 추억거리에는 이 넷 가운데 하나가 빠지기도 해서 어떤 일화에 누가 함께했는지는 분명치 않다.

　　고등학교 1학년 때, 나와 광철이와는 확실히 함께였다. 어느 날씨 좋은 날, 학교에서 공부하다가 갑자기 구미 시내로 가자고 했다. 다들 대충 입은 패션이었는데, 꼬질꼬질한 운동복 하의에 윗옷도 반팔인가 그랬다. 그럼에도 우리는 그 모습 그대로 구미에 갔다. 가장 번화가였던 구미역 앞을 걸었다.

　　구미에서 가장 중요한 포인트인 금오산에도 갔다. 금오산 초입에는 큰 저수지가 있다. 거기를 지나 한참 오르면, 폭포가 나온다. 폭포를 구경했고 문제의 도선굴에도 갔다. 도선굴은 신라 말기의 도선대사가 그 굴에서 도를 깨우쳤다고 해서 도선굴이라고 한다. 그리고 고려의 대각국사와 영남사림의 시조인 길재도 거기서 은거했다고 한다.

　아무튼 우리는 굴로 향했다. 하지만 곧 기겁을 하고 말았다. 난 고소공포증이 심했다. 그런데 도선굴에 가려면 철심으로 고정된 쇠줄을 잡고 위로 올라가야 했다. 공포 그 자체였다. 절벽 끄트머리 길은 유난히 더 무서웠는데, 바닥이 맨들맨들해서 금방이라도 미끄러져 몇십 미터 아래로 떨어질 것만 같았다. 결국 나만 중도에 포기하고 내려왔다. 꽤 창피한 일이지만, 실제 당시 나는 한 발자국도 더 내딛질 못했다. 나와는 달리 친구들은 용감하게도 올라갔다. 자랑스러운 나의 사총사들!

동네 사랑방

　드라마 '나의 해방 일지'에는 시골 동네 풍경이 잘 묘사되어 있다. 남의 집에 가서 밥을 함께 먹는다거나 한집에 모여서 이런저런 이야기를 나누는 것들 말이다. 창희(이민기)와 동네 친구들은 종종 창희네 집에서 맥주, 소주를 나눠 마시며 수다를 떤다. 창희 친구 중 카페를 하는 오두환, 국민교사인 석정훈도 재밌는 캐릭터다.

　우리 동네에서 사랑방은 늘 종국, 인국 형제의 방이었다. 동네 중심을 이루는 공터에 바로 붙어 있는 집은 세 곳이었지만 그중 가장 친화력이 뛰어난 종국이 형과 인국이네 집이 동네 사랑방이 될 수밖에 없었다. 게다가 두 형제의 방이 길가에 위치해서 부모님의 눈길이 닿지 않는다는 장점도 있었다.

　6학년 어느 날 방에 들렀는데 서너 명의 형, 누나들이 커피를 마시고 있었다. 안성기가 분위기 잡고 맛있게 마셨던 과립 커피를 마시고 있었는데 나에게도 마셔보겠냐 했다. 아주 쓰다고 경고도 잊지 않았다. 난 문제없다고 했고 그들은 진하고 쓴 커피를 타서 내게 권했다. 맛을 보니 정말 좀 썼지만 마실 만했다. 그날 저녁 아무런 어려움 없이 잠을 잤다. 그때부터 커피 체질이었나 보다. 그게 나의 첫 커피였다.

 군대 가기 직전에 한규, 창주, 정수도 그곳에서 함께였다. 각자 사는 이야기도 했고, 나는 연애 이야기를 슬쩍 흘리기도 했다. 특히 한규가 무척이나 궁금해했다. 내 연애 상대에 관하여. 입이 근질거렸으나 공개하지 않았다. 아니 못했다. 그래야 했기 때문이다.

 하루 일과를 마치고 아무런 부담없이 서너 명이 만나서 커피를 마시든 맥주를 마시든 하는 그런 공간, 그런 사랑방이었다. 아마 지금도 사랑방은 운영(?)되고 있을 것이다. 종국이 형이 꽤 오래 전에 귀향했고 농사지으며 공단에 다니고 있는지도 모르겠다.

 언젠가 선산 읍내에 사랑방을 하나 만들어 운영할 계획이다. 아무나 찾아와도 되고 쉬었다 갈 수 있는, 서점 겸 찻집 겸 상담소. 이런 공간을 선산에 선물처럼 만들고 싶다.

불타는
피부

　　　어릴 적 여름에는 개천이 최고의 놀이터였다. 봉곡 앞을 흐르는 개천과 포상 앞을 흐르는 개천이 놀기에 좋았다. 둘 다 감천(낙동강의 큰 지류)으로 모였다가 낙동강으로 합쳐졌다.

　개천까지 나가기 귀찮을 때는 동네를 관통하는 수로에서 놀았다. 이 수로가 제법 넓어서 놀기에 좋았다. 수로가 도로를 피해서 지하로 통로를 만들었고 물이 솟아오르는 쪽은 제법 스릴이 넘쳤다. 높이 점프해서 솟아오르는 쪽 통로로 풍덩 빠지면 바닥을 찍고 솟구치는 물을 따라 몸이 붕 떠올랐다.

　대낮에 무방비로 놀았으니 등이 새까맣게 탔다가 나중에는 살갗이 벗겨졌다. 따가운 단계를 지나면 등 피부는 뱀 허물처럼 벗겨졌다. 그리고 또 타고 또 벗겨지고 그렇게 몇 번을 반복했다. 그러면 방학이 끝나고 곧 가을이 왔다.

그네 타다
팔을 삐다

　　국민학교 3학년 때, 형찬이네 밭 오른편에는 경사진 풀밭이 펼쳐져 있었다. 사실 풀밭인지 잔디밭인지 조금 헷갈리는데 거의 잔디밭이라고 생각될 만큼 잘 정돈된 넓은 공간이었다. 그리고 그곳에는 꽤 큰 소나무 한 그루가 있었다. 나무에는 큰 가지가 거의 수평으로 나 있었다. 네다섯 살 위의 형들이 가지에 멋진 그네를 달아놓았다.

　문제의 사건이 벌어졌다. 늦봄 또는 초여름의 어느 평화로운 오후였다. 그 사건이 있기 전까지는 세상은 한없이 평온했고 아무런 문제가 없어 보였다.

　그네는 상당히 컸다. 다들 타봐서 알겠지만, 그네는 제법 튼튼하고 굵은 두 줄과 사람이 앉거나 설 수 있는 밑싣개(앉을깨)가 있기 마련이다. 보통은 밑싣개에 앉고 뒤에서 힘껏 밀어준다. 물론 이건 꼬맹이 때 타는 방법이고, 당시 나름 컸다고 자부했던 우리는 그 밑싣개에 두 발로 섰다. 그리고 앉았다가 몸의 중심을 앞으로 쏟으면서 일어섰다. 이걸 구른다고 표현을 했던 거 같다. 이걸 해야 높이 그네를 띄울 수 있었다.

우리는 누가 높이 올라가는지를 겨뤘다. 앞서 말했지만, 사실 난 고소공포증이 심하다. 언덕 위의 높은 나무에 매달린 그네, 그리고 아래는 평지가 아닌 경사지. 상당히 무섭더란 말이다.

문제는 이뿐만이 아니다. 형들과 친구들은 하나같이 그네에서 곱게 내리지 않았다. 대개 그네 속도를 줄이며 착지한다. 그런데 그들은 그렇지 않았다. 꽤나 높은 위치에서, 그것도 속도가 붙은 상태에서 경사지로 뛰어내렸다. 어떻게 그게 가능한지는 모르겠으나 아무 문제 없이 다들 아래로 미끄러지듯 착지했다.

난 도저히 그걸 할 수 없었다. 그런데 형과 친구들이 뛰어내리라고 난리를 쳤다. 괜찮다고, 괜찮다고. 난 그 말을 믿고 두 눈을 꽉 감고 뛰어내렸다. 그리고 엄청난 고통을 느꼈다. 비명을 지르며 괴로워했다. 왼팔이 탈골된 것이다. 그들의 외침을 무시하지 않은 대가는 엄청났다.

당연히 구급차가 와서 나를 싣고 가야 했다. 그러나 구급차를 부를 전화기가 아마도 우리 동네에는 없던 게 확실하다. 근처에 정형외과도 없던 게 확실하다. 그날 난 구급차와 병원을 구경하지 못했다.

 불행 중 다행인 것은 우리 동네에 접골 기술을 가진 분이 계셨다는 것이다. 바로, 우하의 할머니였다. 지금 생각해봐도 신기하다. 언제 그런 귀한 기술을 익히셨을까. 할머니가 뼈를 맞춰주셨고 광목천으로 어깨에 팔을 지지하게끔 해줬다.

 옛말에 부러지거나 삐면 그 부분이 더 강해진다고 했다. 희한하게도 난 왼팔의 힘이 상대적으로 강하다.

구슬의
추억

　　　　확실히 국민학교 저학년 때는 구슬을 갖고 논 기억이 없다. 구슬이 비싼 건 아니었지만 그렇다고 싼 것도 아니었으니까. 구슬 한 개에 10원까지는 안 되었고 100원이면 손에 가득 담을 정도의 구슬을 사지 않았나 싶다. 지금도 문방구에서 구슬을 볼 수 있다. 이제 와서 자세히 보니 정말 예쁘다. 각 구슬마다 다른 무늬가 있어 더 그렇다. 어쩌면 똑같이 만드는 게 더 힘든 일일지도 모르겠다.

　당시 투명한 구슬 안쪽에는 회오리 모양 등 무늬가 있고 갖가지 색상이 들어가 있었다. 이런 작은 구슬이 일반적이지만 눈깔 사탕 크기의 왕구슬도 있었다. 또 투명하지 않은 흰색 구슬도 있었는데 내 눈에는 별로 예쁘지는 않았다. 검정 구슬도 있었고, 쇠구슬도 있었다.

구슬로 할 수 있는 놀이는 많았다. 그중 하나는 구멍 다섯 개를 십자가 모양으로 파고 시작한다. 구멍마다 구슬을 던져 넣어야 하는데 정해진 순서대로 넣어야 하고, 제일 먼저 처음 시작했던 자리로 돌아오면 구슬을 한 개씩 얻는 놀이이다. 중간에 실수로 구슬을 구멍에 넣지 못하면 다음 사람에게 게임 차례를 빼앗긴다. 다른 동네에서도 이런 놀이를 했나 모르겠다.

 이 게임은 서너 명이 했을 경우 한 게임당 못해도 10여 분 이상 걸렸던 거 같다. 이 게임이 지루할 때쯤 5, 6미터 떨어진 지점에서 구슬을 던져 구멍에 넣거나 제일 가까이 던진 애가 구슬을 다 가지는 게임도 했다.

 언젠가는 구슬로 홀짝 게임도 했던 거 같다. 이건 스포츠가 아니라 도박에 가까웠던 거 같은데, 점점 돈을 알아가고 욕심이 자라던 일종의 성장 과정 같은 것이었으리라!

미친
행동

어릴 때는 철이 없었고 지식도 없었다. 무엇이 좋은 건지 나쁜 건지 알려주는 이도 없었고 알 길이 없었다. 그냥 호기심을 따라 본능적으로 생활했던 것 같다.

어릴 적 소독차가 동네에 오면 동네 아이들이 다 길로 뛰어나왔다. 소독차가 뿜어내는 하얀 연기를 한 숨이라도 더 마시려고. 노력했다. 소독차가 오는 날은 좋은 날이었다. 소독차가 오기를 고대했다.

소독차의 연기를 마시는 것까지는 크게 문제될 게 없었다. 문제는 나와 동네 아이들이 자동차와 경운기 매연을 엄청나게 좋아했다는 것이다. 국민학교 고학년 때는 농사짓는 집에 경운기가 거의 한 대씩 있었지만, 저학년 때만 해도 한 동네에 몇 대 있을까 말까였다. 경운기가 있는 집은 부자이거나 얼리어댑터였다. 굉장히 비싼 농기구였다. 디젤 엔진이 달린 경운기는 시동을 걸 때마다 매연이 많이 나왔다. 그때 애들이 코를 들이밀고 킁킁 냄새를 흡입했다.

 자동차는 더 귀한 시절이어서 자동차 매연을 마실 기회는 자주 없었다. 동네 한복판의 동사무소 근처에는 종종 트럭과 차가 오가곤 했다. 거기가 매연을 마실 행운(?)을 잡기 좋았던 기억이 난다. 요즘 문제가 되는 미세먼지, 초미세먼지는 대개 매연에서 나온다. 그 당시에는 필터 기술이 덜 발달해서 지금보다 훨씬 몸에 해로웠을 텐데, 참 기막힐 노릇이었다. 아마도 국민학교 2, 3학년까지는 계속 그 매연을 쫓아다니며 마신 것 같다.

 촌사람인 우리에게 매연이란 문명의 냄새였고 도시의 향기였다. 하긴 나는 지금도 시멘트 냄새를 좋아한다. 시멘트도 현대를 상징하는 재료였고, 시멘트에서 느껴지는 차가움을 좋아했다. 특히 더운 여름날에는 시멘트에 얼굴을 대고 시멘트가 뿜어내는 발암 물질과 유해 물질을 마음껏 받아들였다.

현규와의 추억

　동네에는 친구가 많지 않았다. 특히 윗동네에는 더 없었다. 국민학교 저학년 때까지는 옆집의 형찬이와 많이 놀았지만, 형찬이가 4학년 때 대구로 전학을 가면서 놀 친구가 마땅찮았다. 아랫동네에 내려가서 노는 것도 한계가 있었고 귀찮기도 했다. 그러다 보니 윗동네 애들끼리 나이 차가 좀 나도 같이 어울렸다. 그중 하나가 현규였다.

　현규는 나보다 여섯 살 어렸던 것 같다. 내가 6학년 때 현규가 학교 병설 유치원에 다녔을 것이다. 그래서 학교 가는 길을 함께하기도 했다. 현규는 동기 여자애였던 혜수의 동생이기도 했다. 현규의 형은 거의 아버지뻘이었다. 20대 후반 혹은 30대 초반의 나이였던 걸로 기억한다. 현규 부모님은 연세가 많으셨다. 현규가 아기 티를 벗지 못했던 때 현규 아버지가 환갑잔치를 했으니, 엄청난 늦둥이였다. 현규는 형과 누나의 귀여움을 받으며 귀하게 자랐다. 하지만 현규의 유년 시절은 생각보다 순탄치 않았다. 동갑 친구였던 아랫동네 전욱이(나중에 알고 보니 정욱이었음)에게 괴롭힘을 많이 당했다. 그리고 희대의 사고를 당했다.

동네의 초입에는 늙은 회나무 한 그루가 있었다. 나무의 밑동에 둥그렇게 시멘트를 부어서 둥근 시멘트 벤치(?)를 만들었다. 많이 앉으면 열 명도 앉을 만큼 컸다. 거기에 늘 동네 어른들이 앉아서 담소를 나눴다. 동네 사랑방 같은 곳이었다. 우리에게도 그곳은 만남의 광장이었다.

어느 평온한 날의 오후였다. 벤치 근처에서 놀던 현규가 갑자기 울기 시작했다. 몹시 아프다는 듯 크게 울었다. 우리는 어찌 된 영문인지 모르고 당황했다. 예닐곱 살에 불과한 현규도 너무 놀랐는지 그저 울기만 해서 현규의 몸을 이리저리 살펴보았다. 현규의 오른손에 작은 이빨 자국이 나 있었고 붉게 부어 있었다. '아! 뱀에 물렸구나' 싶었다. 급히 읍내의 보건소로 가서 응급 처치를 했다. 사건의 내막을 들어보니, 현규가 회나무를 둘러싼 시멘트 벤치 아래에 난 구멍에 호기심이 생겼던 모양이다. 그 구멍은 회나무의 굵은 뿌리의 바로 위에 있었는데, 아이의 손이 들어갈 만한 크기였다. 현규가 그곳에 손을 넣은 순간, 안에 숨어 있던 뱀이 손을 확 물어버린 것이다. 그래서 우리는 나무 작대기로 뱀을 끄집어내서 바로 죽여버렸다.

  시간이 지나, 나는 서울로 유학을 떠났고, 현규는 중학생이 되었다. 그러던 어느 날, 어머니로부터 슬픈 소식을 전해 들었다. 현규가 큰 교통사고를 당했다고 했다. 정말 놀랐다. 너무 안타까운 사고였다. 그게 그와의 마지막 인연이 될 줄은 꿈에도 몰랐다.

김용일 〈달호형 네집〉, 72.7×60.6cm, 캔버스 위에 아크릴과 목탄, 2019

02 먹거리

마당에 평상을 펴고 여섯 식구가 둘러앉아 국수를 먹었다.
그때는 몰랐다. 그렇게 여섯 식구가 다 함께 앉아
도란도란 이야기하며 식사할 수 있는 시간이 그때뿐이었다는 걸.

도시락

국민학교 내내 도시락을 싸 가는 것은 보통 일이 아니었다. 하지만 친구들과 함께 도시락 까먹는 재미가 쏠쏠했다.

대부분 김치, 깍두기, 무말랭이, 깻잎, 콩장 등 절인 음식을 반찬으로 싸왔다. 어쩌다 계란프라이를 싸오면 인기 폭발이었다. 소시지는 더 말할 필요도 없는 초대박 반찬이었다. 소시지를 싸오면 빗발치는 포크, 젓가락 공격에 정작 도시락 주인은 한두 개밖에 못 먹었을 것이다.

추운 겨울날, 난로를 피울 때 그 위에 도시락을 쌓는 재미도 있었다. 다들 난로 바로 위에 도시락을 두려고 애를 썼다. 그래야 누룽지가 생기기 때문이다. 난로가 작았으니 좁은 면적에 도시락을 4, 5층 높이로 쌓았다. 조금만 방심하면 바닥으로 떨어질 위험이 있었다.

옆집 형찬이의 반찬이 유독 인기가 많았던 것이 아직도 기억에 남는다. 형찬이 어머니의 음식 솜씨가 남달랐기 때문이다. 4학년 때 동네 친구 대여섯 명이 형찬이네 집에 놀러가 콩장을 먹게 되었다. 콩장에 꿀이라도 넣었는지 너무 맛있어서 열심히 먹어 치웠다. 밥도 없이 콩장만 계속 퍼먹던 그 친구. 누구냐? 자수해라!

국수의
추억

어릴 적에는 국수를 많이 먹었다. 맞벌이를 하셨던 어머니의 주메뉴가 국수였다. 국수는 밥에 비해 빨리 만들 수 있어서 적당한 메뉴이기도 하지만, 어머니가 국수를 좋아하셔서 자주 만드셨겠다는 생각이 최근에 들었다.

일단 국수는 쌌다. 지금도 소면 한 봉지가 5,000원 안팎이다. 이 한 봉지면 10인분은 너끈히 나올 것이다. 지금 가격이 이 정도면 30년 전에는 훨씬 쌌을 것이다.

국수는 면을 삶아 양념장만 만들면 완성이었다. 따로 육수를 우려내지는 않았다. 어머니는 그냥 양념장 하나만으로 맛을 냈다. 그런데도 맛이 좋았다. 가끔은 비빔국수를 만들어주셨다. 나는 그 비빔국수를 좋아했다. 새콤달콤한 초고추장을 만들어서 손으로 비벼 한 주먹씩 나눠 담아주셨다.

국수를 먹는 날은 거의 여름이었다. 마당에 평상을 펴고 여섯 식구가 둘러앉아 국수를 먹었다. 여름이라 모기가 많아서 모기향을 평상 주변에 두세 군데 피웠다. 그때는 몰랐다. 그렇게 여섯 식구가 다 함께 앉아 도란도란 이야기하며 식사할 수 있는 시간이 그때뿐이었다는 걸.

얼마 뒤 형과 누나는 공단에 취직했고, 몇 해 뒤 동생은 기숙사 학교로 갔고, 나는 서울로 갔다. 아버지는 내가 대학교 3학년 때 하늘나라로 가셨다. 생각해보면 여섯 식구가 다 같이 모여 있던 시절은 국민학교 3~6학년 때가 전부였던 것. 있을 때 잘하라는 말을 종종 하기도 하고 듣기도 한다. 그때 내가 말썽 좀 덜 피울 걸, 말 좀 잘 들을 걸 뒤늦은 후회가 된다.

밤
서리

　주말 동안 밤을 먹었다. 생밤을 기계로 깎아놓은 것을 사 먹었다. 딱딱한 겉껍질이야 다 벗겨냈지만 속껍질까지 깨끗이 깎지는 못했다. 제대로 깎으려면 그만큼 알밤이 작아질 테니. 이 밤을 씹어 먹고 있자니 흡족하지 않다. 생고구마보다도 못한 맛이다. 예전의 그 밤 맛을 따라가지 못한다.

　밤은 역시 서리해서 먹는 게 제일 맛있었다. 어릴 때, 형이랑 둘이서 뒷집의 밤을 많이도 서리해 먹었다. 밤 서리를 할 때면 두 번 중 한 번은 뒷집 아저씨에게 들켜서 도망치곤 했다. 긴 장대와 쇠로 된 부지깽이를 들고 높은 가지에 있는 밤을 두들겨 떨어뜨렸다. 재수 없으면 밤송이가 머리에 떨어질 때도 있었다. 떨어뜨린 밤송이를 까는 일은 꽤 요령이 필요했다. 이때 납작한 쇠 부지깽이가 굉장히 요긴하게 쓰였다. 힘과 요령으로 밤송이 속의 밤알을 꺼냈다. 늘 조심조심 신경 써서 했지만, 한두 번은 밤 가시가 손이나 발에 박혔다. 엄청 따갑다. 가시를 빼내기도 쉽지 않았다. 박힌 가시가 나중에 티눈이 된다는 말도 있었다. 밤의 겉껍질은 이빨로 뜯어서 벗겨내고, 속껍질은 앞니로 적당히 발라냈다. 속껍질은 엄청 떫다. 이 모든 과정을 거쳐야 속의 하얀 밤알을 먹을 수 있었다. 지금 생각하면 너무 손이 많이 가고 귀찮은 일이다.

  우리 밭의 오른편에 심지도 않은 밤나무가 저절로(?) 자라났다. 아마도 다람쥐가 그곳에 밤톨을 숨겨놓고 까먹어서 자라난 밤나무가 아니었을까? 그 밤나무는 금세 자랐다. 나무 자체가 크지는 않았지만 꽤 큰 밤송이가 열렸고, 밤톨도 제법 컸다. 완벽한 우리 밤나무가 생긴 셈이다.

  그런데 지금은 너무 편하게 밤을 먹는다. 그래서 밤 맛이 떨어진지도 모른다. 자고로 어렵고 힘들게 얻은 게 더 가치 있는 법이니까. 인생이 편하고 쉽다면 노후에 큰 보람이 없을 것 같다. 고진감래가 괜히 있는 말이 아니다. 혹 지금 인생이 힘겹다면 나중의 행복이 더 커질 것을 기대해보자.

산딸기

얼마 전 마트에서 산딸기를 파는 걸 보았다. 큰 상자에 가득 담겨 있는 산딸기가 맛있어 보였다. 가격은 생각보다 쌌다. 만 원이 좀 넘었던 같다. 산딸기는 의외로 빨리 상했다. 냉장고에 넣어도 하루만 지나면 하얀 곰팡이가 피었다. 그걸 골라내고 다시 씻어서 먹어야 했다. 그래서 산딸기는 사는 즉시 다 먹어야 한다.

어릴 적 산딸기는 귀했다. 산딸기밭은 우리집 뒤편의 깅배네 밭 위쪽에 있었다. (깅배는 그 집 아들의 이름이었다. 아마 '경배'가 정확한 이름이었을 것이다.) 깅배네 밭은 꽤 넓었다. 밭의 절반 이상은 뽕나무밭이었다. 밭의 경계선 위쪽에는 대략 20여 평의 산딸기밭이 있었다. 따로 임자가 없는 셈이었다. 선착순으로 산딸기를 딸 수 있었는데, 다행히 경쟁은 치열하지 않았다. 우리는 산딸기가 익을 무렵 산딸기를 따 먹으러 갔다. 생각보다 양은 많지 않았다. 급히 따 먹다 보면 가시에 마구 찔렸다.

  산딸기밭은 뱀 천지라고 전해졌다. 거기서 뱀을 본 적은 없었지만, 근처에서 여러 번 마주쳤다. 무성한 풀숲을 걸을 때마다 늘 겁이 났다. 철부지 시절에는 마구 뛰어다녔으나 철이 들 무렵부터는 겁이 나서 조심조심 다녔다. 어쩌면 철이 든다는 건 겁이 많아지는 것인지도 모르겠다.

제일
맛있는
전

원래 맛있는 음식은 '남'이 해주는 음식이라고 한다. 아무리 맛있는 것도 자기가 수고롭게 만들어 먹으면, 그 맛을 다 느끼긴 어려운 듯하다. 그리고 만드는 동안 그 냄새를 맡다가 질리기도 할 테다.

요즘 좋아하는 전은 김치전이다. 김치전은 어느 식당에 가도 그 맛이 꽤 비슷하고 맛의 편차가 그다지 크지 않은 듯하다. 그런데 어릴 적에 제일 맛있다고 생각한 건 *'정구지전'이다. 부추전. 나만 그런 게 아니었다. 우리 남매 모두 그랬고 친구들도 정구지전을 꽤나 좋아했다.

어느 날 친구 중 하나가 '배추전'이 제일 맛있다고 했다. 당시에는 속으로 '에이 배추전이 뭐가 맛있어?' 했다. 배추전은 맛이 슴슴했다. 그런데 어른들은 배추전을 꽤 많이 구워냈다.

그만큼 인기가 많았다. 그런데 나이가 들면서 심심하게 느껴졌던 배추전 맛이 다르게 다가왔다. 배추 고유의 단맛이 느껴졌다. 아, 이 맛에 배추전을 좋아하는구나!

동네 잔치 때는 거의 예외 없이 넓은 마당 한 가운데 간이 부뚜막을 만든다. 거기에 가마솥의 솥뚜껑을 뒤집어서 올렸다. 그리고 식용유를 들이붓거나 돼지 비계를 녹였다. 솥뚜껑 가운데로 모이는 기름을 골고루 바르는 도구는 언제나 호박 꼭지였다. 호박이 어른 주먹 만한 사이즈가 되면 그 꼭지가 큰 숟가락 수준이 된다. 그걸 잘 잘라서 기름을 옆으로, 위로 잘 발랐고 그리고 전을 부쳤다. 이렇게 부쳐낸 전은 정구지전이든 배추전이든 호박전이든 모두 맛있었다.

시골 동네의 동네잔치에 가본 게 40년은 된 듯한데, 요즘 풍경은 어떨까. 많이 달라졌을까.

*정구지: 부추의 경남, 충북 방언

강정과
한과

　　설 음식 가운데 빼놓을 수 없는 게 강정이었다. 기계로 튀겨낸 튀밥을 조청으로 버무려낸 게 쌀강정이었다. 가장 흔했고 가장 많이 만들던 음식으로 기억한다. 쌀강정에는 반드시 들어가야 할 것이 있었다. 건빵에 별사탕이 있어야 했던 것처럼…. 바로 땅콩이었다. 강정 하나에 땅콩 하나는 꼭 있어야 했다. 운이 좋으면 두세 개는 있었고 재수없으면 그냥 튀밥만 먹어야 했다.

　　땅콩은 좀 비싼 편이었다. 쌀이나 강냉이, 콩 등은 집에서 재배를 했지만 땅콩은 시장에 가서 사야 했으므로 우리집은 땅콩을 조금 넣어야 했고, 나는 그게 불만이었다. 반면 다른 집의 강정에는 땅콩 출현 빈도가 훨씬 높아서 다른 집의 강정을 먹을 때마다 기대치가 있었다. 그리고 친구네 강정은 퀄리티가 좋았다. 정말 땅콩이 많았다. 기억이 가물가물하긴 한데 아예 땅콩 강정이었다. 땅콩으로만 구성된 역대급 강정이었던 것. 땅콩 100프로로 구성된 '프리미엄 고퀄리티 울트라 슈퍼 강정' 앞에서 큰 충격을 받았다.

강정은 집에서 농사 지은 쌀, 깨, 콩 등으로 만들 수 있었으나 한과는 그러질 못했던 거 같다. 뻥튀기 과자 같은 것에 조청을 바르고 튀밥 가루를 입힌 한과. 그게 내 입에는 딱이었다. 훨씬 부드러웠고 달콤했으니…. 아마도 이건 집에서 만들기는 쉽지 않았을 듯싶다. 대부분 장에서 사오지 않았을까. 내가 한과를 처음 그리고 주로 맛본 집은 우길이 집이었다. 우리에게 간식으로 내왔던 기억이 있다.

요즘 가끔 한과를 선물로 받곤 한다. 어릴 적 꿀맛 같았던 향미는 느낄 수 없다. 그냥 흉내를 낸 정도랄까. 그래도 향수에 젖긴 충분하다.

라면
먹는 법

　　　　　라면은 참 요상한 음식이다. 먹어도 먹어도 질리지 않는 음식이므로.

　어릴 때 라면은 굉장히 비싼 음식이었다. 80년대 초반에 농심 라면과 삼양라면이 100원 정도였고, 고퀄리티 라면으로 나온 안성탕면이 120원이었다. 당시 도시에서는 밥보다 라면이 쌌던 모양이라 라면으로 끼니를 때웠을지 몰라도 쌀농사를 짓는 시골에서는 자급하는 쌀 대신 라면이라니! 그 값이 아주 비싸게 느껴졌다.

　라면 두 봉지에 국수를 한 뭉텅이 넣어 먹어야 했던 그 시절. 아침에 라면 한 봉지를 사가는 애들은 상당히 형편이 좋은 편이었다. 라면 봉지를 뜯지 않은 채 적당한 사이즈로 부수고, 가루 스프를 절반 정도 부어 봉지 채 막 흔들면 스프가 라면에 골

고루 스며들어 아주 맛있는 과자처럼 먹을 수 있었다. 나는 그걸 한 조각이라도 얻어 먹으려고 친구에게 달라붙곤 했고. 남은 스프 반은 점심 시간에 도시락 밥 위에 휙휙 뿌려서 잘도 비벼 먹었다. 지금 보면 기겁할 일들을 그때는 그렇게 했다.

  가끔 생각보다 바삭하지 않은 라면이 있는데, 난 그것을 구제할 방법을 알았다. 라면을 연탄불 위에 구워 먹는 것. 숙직실 뒤편의 연탄 구덩이가 있었다. 몰래 들어가서 라면을 구워 먹었다. 수분이 증발되어 확실히 바삭해졌다. 엄청난 요령을 알리는 것 같아 어깨가 잠시 으쓱하나, 요즘은 '뿌셔뿌셔' 같은 과자가 나오고 있으니! 예나 지금이나 그 또래 아이들이 좋아하는 맛은 비슷한 것 같다.

5월의
간식

감꽃이 다 지고 아기 감들이 눈에 띄기 시작하는 요즘이다. 감꽃은 노란색이다. 꽃잎은 네 장으로 꽤나 수수하면서도 자세히 보면 귀여운 구석이 있다.

어릴 적 동네에는 감나무가 참 많았다. 그도 그럴 것이 감나무만큼 괜찮은 과실수는 없기도 했으니까. 병충해에도 강했고, 가을에는 가지가 부러질 정도로 많은 감을 주기도 했다.

5월에는 간식거리가 별로 없었다. 산에 가면 드문드문 산딸기밭이 있긴 했다. 앞서 말했듯이 주인이 있다고 말하기엔 애매한 위치에 있었지만, 그래도 그 밭의 주인은 깅배네 할머니였다. 워낙 부지런한 분이셔서 산딸기를 새벽에 웬만큼 다 따 가셨다. 약간의 산딸기는 남겨두셨는데 친구들과 나는 그걸 경쟁적으로 따 먹었다. 가시에 손과 팔을 많이 찔려가면서.

찔레순도 많이 꺾어 먹었다. 이 순도 때가 있어서 타이밍을 놓치면 먹지 못했는데, 너무 일러도 맛이 좀 씁쓸했고, 조금 늦으면 순 가운데 질긴 심지가 생겨 씹기가 힘들었다. 그래서 적당한 때에 똑 꺾어야 충분한 수분과 부들부들한 식감을 느낄 수 있었다. 그리고 늘 조심해야 할 것은 뱀. 꼭 찔레밭과 산딸기밭에는 뱀이 득실득실했다.

오디도 좋은 요깃거리였다. 흔한 듯 흔하지 않은 과일. 뽕나무 열매로 꽤나 많은 양이 달렸고, 그걸 게걸스럽게 먹곤 했다. 그러다 보면 손과 입에 오디의 진한 남색 물이 잔뜩 들어 서로의 모습을 보고 웃기도 했다.

이것만으로 긴 5월을 버티기엔 부족했기에 우리는 종종 감꽃을 먹기도 했다. 꽤나 떫은 맛이 강해 많이 먹지는 못했지만. 주로 감꽃 목걸이를 만들거나 반지를 만들었다. 생각해보면 보통 꽃잎은 단맛이 나는데, 감꽃에서는 왜 떫은 맛이 났을까. 덜 익은 감이 떫어서 꽃도 그런 걸까? 무순도 무 맛이 강한 것처럼.

메주

늦가을에 논두렁에 심었던 콩을 수확했다. 당시 콩을 심을 만큼 넓은 밭은 없었다. 산의 초입에 있던 100여 평의 밭에는 고구마를 주로 심었고 자투리 땅에는 들깨를 심었다. 그리고 산 중턱에 있는 밭에는 보리 또는 배추, 무를 심기도 했다. 고랭지 배추를 키운 셈이다. 몇 해만 그렇게 하다가 나중에 그 밭에는 아무것도 심지 않았다. 그랬더니 그곳은 그냥 산의 일부인 것처럼 황폐화(녹지화)되었다. 어른들도 그 땅이 아깝기는 했으나 부지런히 땅을 일궈 농사지을 시간이 부족했을 거고, 무엇보다 효율이 크게 떨어졌기에 그렇게 결정했을 것이다.

논두렁은 사람이 걸어 다닐 만큼의 작은 공간이지만 콩을 심기에는 넉넉했다. 나중에 수확할 때는 경운기가 필요할 만큼 양이 많았다. 자투리 땅이라고 생각했던 공간이 꽤 넓었던 것이다. 우리 논은 너무 멀고 문중 소유의 논두렁이 가깝기도 해서 콩은 그곳에만 심었다. 실제로 우리 식구가 먹을 만큼 넉넉한 수확량이 나왔다. 수확할 때는 그냥 뿌리째 뽑았다. 뿌리에 붙은 흙은 대충 털어내 무게를 줄였다. 너무 세게 털면 콩깍지 속의 콩까지 쏟아질 수 있으므로.

 마당에 큰 포대를 깔아놓고 한 가득 싣고 온 콩줄기를 기계를 이용하여 콩과 따로 분리했다. 이 기계는 콩 타작기라고 해야 맞을 듯한데, 주로 발로 페달을 밟으면 타작기가 돌아갔다. 그 속에 콩줄기를 넣으면 콩은 앞의 틈으로 훑어졌고 손에 쥐고 있던 콩줄기는 옆으로 빠졌다. 콩줄기는 버릴 게 없었다. 불쏘시개로 쓰면 아주 훌륭했다.

 솎아낸 누런 콩을 큰 가마솥에 삶는다. 콩을 삶을 때 스며 나오는 구수한 냄새는 굉장했다. 삶은 콩은 커다란 대야에 옮겨 담는다. 이때는 제법 큰 바가지로 푹푹 떠야 한다. 둘이서 옮겨야 할 만큼 충분한 콩이 담기면 그걸 건넌방으로 옮겼다. 그리고 네모난 나무틀에 콩을 붓고는 두 발로 꾹꾹 밟는다. 여전히 냄새가 풍겼고 그와 함께 김은 모락모락 피어났다. 꽤 뜨거운 콩이었으므로 얇은 천 위에 수건도 깔아야 한다. 잘못하면 화상을 입을 만큼 뜨거우니까. 밟는 건 그나마 제일 쉬우면서도 재밌는 작업이라 나와 동생이 하곤 했다. 그렇게 한참 밟으면, 어느 정도 사각형 모양의 완성된 메주가 나온다. 메주가 식고 단단해질 때까지 방바닥에 둔다. 그런 후 지푸라기로 꼬아 만든 끈으로 묶어서 벽에 매단다.

갓 삶은 콩 맛이 제법 괜찮았다. 거의 배부를 때까지 먹어도 질리지 않았다. 그리고 그 메주로는 다음해 봄 무렵에 간장을 만들고 된장과 고추장을 만들었다. 지금은 마트에 가면 값싸고 질 좋은 간장, 된장 그리고 고추장을 살 수 있다. 하지만 당시 시골에서는 웬만한 건 자급자족을 했으니까.

벽에 달아놓은 메주는 나를 포함한 사 남매의 간식이 되었다. 처음에는 눈에 띄지 않는 벽 쪽의 콩을 하나 둘씩 파먹었다. 그 맛이 좋았다. 매일매일 심심할 때 출출할 때 파먹다 보니 나중에는 거의 3분의 1 가까이 먹어 치우곤 했다. 그 당시 주전부리라곤 별로 없어 메주를 파먹기도 한 것일 텐데, 지금은 먹을 게 참 많고도 넉넉하다는 것이 감사할 따름이다.

호두과자의
추억

　　　호두과자를 좋아한다. 빵은 부드럽고 속이 달아 좋다. 팥 속에 숨어 있는 호두의 고소함도 좋다. 호두과자 한 봉지를 사면 그냥 그 자리에서 끝장을 낸다. 요즘은 여러 체인점에서 손쉽게 사 먹을 수 있지만 예전에는 호두과자가 천안 명물로 통해 천안에서 사거나 아니면 기차에서 사 먹었다. 사실 나는 지금도 천안역이나 기차 안 아니면 최소한 서울역에서라도 사야 오리지널 호두과자를 사 먹는 듯한 기분이 든다.
　내가 기억하는 첫 호두과자는 덕촌 국민학교 정문 바로 앞 점빵에서 봤던 호두과자다. 포장지는 그럴 듯했다. 모양도 거의 호두과자다. 문제는 속이다. 속에는 호두는 커녕 팥도 없었다. 그냥 밀가루뿐. 그냥 빵인데 모양만 호두과자 흉내를 낸 것이다. 그런데 이마저도 1년에 한 번 겨우 사 먹을 수 있었다.

호두는 정말 귀했다. 우리 동네에 딱 한 그루의 호두나무가 있었다. 얄궂게도 어느 집의 담 너머에 있었고 실개천 옆에 있었다. 나와 친구들은 몇 번 서리를 했다. 일단 나무가 컸기에 긴 장대가 필요했고 밤에 거사를 치렀다. 호두만 톡톡 쳐서 떨어트렸다. 호두는 녹색의 바깥 부분을 벗겨내면 갈색의 호두 껍질이 나온다. 이 녹색 물질은 손에 묻으면 잘 지워지지 않았다. 그런데 그때는 비닐장갑 같은 도구가 없었으니 맨손으로 했고, 지금 생각해보면 손만 검사해도 서리 범인을 금방 찾아냈을 듯싶다.

호두 껍질을 깨는 건 힘들었다. 주로 돌이나 망치로 깨트렸는데 하다가 잘못하면 안의 과육까지 박살낼 수 있었다. 그다음 단계로는 단단한 껍질 안의 칸막이 같은 얇은 갈색 막을 잘 제거해야 했다. 그래야 온전한 모양의 호두를 얻을 수 있기 때문이다. 제대로 된 형태의 호두를 얻기 위해서 참 조심스럽게도 깠다.

그런데 요즘은 다 까놓은 호두를 한 봉지씩 판다. 참, 너무 쉽다. 흔하다. 그래서 손이 잘 안 간다. 흔해서 맛이 없어진 듯싶다. 뭐든 귀해야 가치가 있는 걸까?

홍시

　　홍시의 계절이 왔다. '홍시' 하면 떠오르는 노래는 나훈아의 '홍시'다. 옛날에는 나훈아를 좋아하지 않았다. 솔직히 싫었다. 트로트를 싫어했으므로. 그런데 나이가 들면서 생각이 변했다. 심지어 나훈아를 좋아하게 됐다. 그에게 존경심마저 생겼다. 저 많은 히트곡들을 직접 작사, 작곡까지 했다니. 작사가로서 나훈아는 대단한 능력자라고 평가받는다. 일상 속 언어를 맛깔스럽게 녹여내 가사를 썼기 때문이다.

　요즘은 홍시를 원 없이 먹고 있다. 동네 친구 한규가 시골에서 올라온 홍시가 너무 많다며 직접 집 앞까지 가져다 줬다. 참 고마운 친구다. 한규는 선산 뒷골에서 재배한 유기농 홍시이니 껍질까지 다 먹으라고 신신당부를 했다. 그 말을 따라 물로 대충 씻은 후 껍질까지 음미하면서 먹고 있다. 마트에서는 연시라고 넓적한 감을 파는데, 식감이 아주 다르다. 한규가 준 감을 다 먹고 나서는 연시를 못 먹을 거 같다.

　감을 따던 시절이 생각난다. 대나무 끝을 낫으로 쪼개고, 쪼개진 틈이 다시 다물어지지 않게 나무 꼬챙이를 꽂는다. 그리고 그 틈에 감이 달린 나뭇가지를 끼우고 힘껏 비틀어 꺾어서 조심스럽게 내렸다. 이게 참 쉽지 않았다. 몇 번만 해도 팔이 아팠다. 그 감을 깎아서 곶감을 만들었고 제법 익은 감은 다락방에 널어놓았다. 1~2주 후에는 홍시가 되어 있었다.

　농사가 다 그렇듯이 쉽게 되는 건 없다. 정성이 들어간다. 그런데 사람들은 그걸 너무 싼 가격에 쉽게 사서 소비한다. 농부와 어부의 정성을 돈으로 환산한다면 지금 가격의 두세 배도 아깝지 않다.

비지

콩으로 두부를 만들다 보면 '비지'라는 부산물이 나온다. 어릴 때 두부를 그다지 좋아하지는 않았지만 꾸역꾸역 먹었다. 그런데 비지는 안 먹었다. 왜냐. 일단 비주얼이 별로다. 그리고 두부의 부드럽고 말랑말랑한 식감에 비해서 비지는 거칠었다.

그런데 국민학교 5학년 무렵이었다. 큰집에 심부름을 갔다. 큰집은 우리 일가의 종가집이었고 일대의 규수집이었다. 내가 학교 입학 전까지 공짜로 살았던 집이다. 그 집은 건물만 네 개로 이뤄진 꽤 큰 집이었다. 다들 "큰집, 큰집" 하며 불렀다. 사이즈로 보나 항렬로 보나 큰집이 확실했다.

메인 건물의 가장 오른쪽에는 부뚜막이 있었다. 그날이 봄이었는지 가을이었는지는 모르겠다. 대충 기억나는 건 좀 쌀쌀한 날이었다는 것. 큰집의 형수님(당시 최소 60대 후반 또는 70대 초반)이 *정지에서 아궁이에 불을 때고 있었다. 그리고 아궁이 앞에 양은 상을 펼쳐 놓고 두어 명의 아줌마들과 함께 단출한 저녁을 먹고 있었다.

밥과 김치 그리고 비지찌개가 다였다. 어머니도 거기서 한술 뜨고 있었고 나더러 비지찌개에 밥을 말아서 먹으라고 줬다. 찌개에는 잘 익은 김치가 들어가 있었다. 별로 기대하지 않고 받아서 먹기 시작했다.

그런데 이게 웬걸! 이전에는 전혀 몰랐던 비지의 맛이 느껴졌다. 금방 한 그릇을 해치웠다. 식사와 함께 짧지 않은 수다가 이어졌고 꽤 훈훈한 분위기였다. 나는 40년이 지난 지금도 그날의 소박한 밥상과 따뜻한 인심, 함께 맛있게 먹던 비지찌개가 떠오른다.

*정지 : 부엌의 경상도 사투리

무와
고구마

　　　　겨우내 먹을 게 없을 때 우리의 입을 심심하지 않게 해준 건 튀밥이었다. 그리고 가을에 뽑아놓은 무와 고구마.
　무는 *'무우'라고 했던 거 같다. 그런데 언제부터인가 사람들이 무우란 말을 안 쓰고 그냥 무라고 한다. 아무튼 생무를 칼로 껍질을 벗긴 후 잘라 먹곤 했다. 어릴 때 어른들은 그 생무가 너무 맛있다고 잘 드셨다. 사과보다 더 시원하고 맛있다고도 했다.
　내가 그 어른들보다 더 나이가 먹고 말았다. 지금 생각해보면, 무를 먹어보면 그 말에 공감하게 된다. 잘 익은 생무는 과일보다 더 뛰어난 맛과 식감이 있는 듯하다. 생무도 그렇고 무조림도 그렇다. 일식집의 찬으로 나온 생선조림에서 젓가락이 생선보다 무로 갈 때가 많다. 생선은 가시가 있어 발라 먹기 귀찮아서 그런지 무 자체가 더 맛있게 느껴지곤 한다.

　고구마도 마찬가지다. 잘 익은 고구마는 생으로 먹으면 아주 맛있다. 생으로 깎아 먹는 밤보다도 더 나은 듯싶다. 잘 구운 군고구마가 군밤 못지 않은 것처럼.

　겨우내 단칸방에서 좁게 살던 그 시절. 뜨거운 아랫목에서 닝골 윗목에 쌓아놓았던 고구마 가마니들. 가난했지만 정이 있었다. 가난과 결핍이 꼭 나쁜 것만은 아니다. 돈이 없고 부족해서 많이 불편했지만 마음은 따스했던 그 시절이 그리워진다.

---

*'무우' 관련 규정: 본말인 '무우'보다 준말인 '무'가 더 널리 쓰이므로 '무'만 표준어로 삼고, '무우'는 버린다. 표준어 규정 2장 3절 14항

콩고물

 쑥떡의 계절이 돌아왔다. 동네 방앗간이 있을 때는 참 좋았다. 요즘은 사람들이 떡을 잘 먹지 않는 것일까? 방앗간의 힘찬 기계 소리와 연기는 점점 구경하기 어렵고, 당시 집 근처에 있던 방앗간도 그 사이 주인이 바뀌고 나중에는 아예 문을 닫아버렸다.

 봄이면 지천에 솟아나는 쑥을 뜯었다. 쑥은 너무 크기 전에 뜯어야 했다. 줄기 속에 심지가 생기면 억세어 먹기가 좋지 않다. 한 대야 정도의 쑥을 뜯는 데 걸리는 시간은 많이 필요하진 않았다. 쑥이 천지삐까리 수준으로 많았고, 나는 꽤나 손이 빠른 놈이었으므로.

 쑥떡은 그 자체로 먹어도 좋지만, 아주 곱게 빻은 콩고물에 묻혀 먹어야 제맛이다. 이래야 떡과 떡이 들러붙지도 않는다.

콩의 고소한 맛과 쑥의 쌉싸름한 향이 어우러져 꽤나 많이 먹게 된다. 콩과 찹쌀은 지난해 농사지어 보관하고 있었고 쑥이야 공짜로 얻었으니 이 별미는 방앗간에 얼마의 돈을 주면 먹을 수 있었다.

쑥떡을 버무리고 남은 콩고물도 버릴 필요가 없었다. 그건 또 하나의 별미인 콩고물밥을 만들 수 있었다. 이게 참 괜찮았다. 시골의 자급자족 생활이다 보니 반찬이 늘 궁했는데, 김치나 무말랭이, 깻잎, 된장찌개 등을 빼면 밥상에 올릴 만한 게 없었다. 그래서 반찬을 꺼내기도 귀찮고 밥맛이 없을 때는 그냥 밥을 콩고물에 비벼 먹곤 했다. 콩고물에 밥을 살살 비비면 밥알이 하나씩 분리되곤 했다. 초미니 콩떡이 되는 것. 너무 급하지 않게만 먹는다면 아주 훌륭한 한 끼가 되었다.

콩고물밥을 먹은 지 40여 년이 다 되었다. 어제 갑자기 콩고물밥이 머리에 스쳐 지나가, 까먹기 전에 얼른 메모를 해뒀다. 메모하지 않으면 영원히 기억 저편으로 날아가 버리니까.

호박죽의
추억

신곡 옛집의 앞마당에는 거름 더미가 있었다. 너비는 5~6미터, 높이는 2~3미터 정도로 제법 컸다. 거기에 봄에 호박씨를 심었다. 워낙 영양분이 많은 흙이라 호박은 정말 무섭게 자랐다. 더미를 넘어 빈 마당으로 쭉쭉 뻗어나갔다. 하루에 30센티미터 이상 자라는 것 같았다. 마치 영화 〈주만지〉에 나오는 괴식물처럼 보였다. 이게 식물인가, 동물인가 싶은 정도였다.

여름에는 호박잎을 따서 쪄 먹었다. 아침에 어머니는 호박 넝쿨로 가서 적당한 크기의 호박잎을 20~30장을 뜯어 오셨다. 그날은 푹 찐 호박잎이 아침상에 올라왔다. 요즘 유행하는 '새벽 배송' 제품이 아무리 신선해도 텃밭에서 갓 딴 식재료로 만든 음식을 이길 수 없을 것이다. 게다가 어머니의 손맛까지 더

해졌으니! 약간 까끌까끌한 호박잎의 감촉은 그다지 좋지 않았지만, 된장찌개와 함께 먹는 호박잎은 아주 맛있었다.

그리고 호박잎들과 함께 호박도 영글어갔다. 어른 주먹만 한 호박 크기가 되면 호박을 따서 된장찌개에 넣고 끓였다. 거기에 두부를 썰어 넣으면 그 자체로 완벽한 요리가 되었고, 최고의 밥도둑이었다. 아! 이 얼마나 소박한 자급자족이었던가?

그리고 호박 넝쿨에서 살아남은 호박들은 날로날로 커져갔다. 그런데 생각보다 그 호박들은 눈에 잘 띄지 않았다. 잎에 가려져 나름 위장을 하고 있었다. 늦가을이 되면 어느 날 갑자기 생각하지 못했던 곳에 큼지막한 호박들이 모습을 드러냈다. 큰 요강 만한 크기의 호박들이 누렇게 익어갔다. 그리고 그 호박을 몇 개 따서 속을 파내고, 호박 덩이를 큰 솥에 넣고 끓였다. 여기에 자줏빛 팥을 넣어 죽을 쒔다. 그렇게 몇 시간을 끓이면 맛있는 노란 호박죽이 완성된다. 뜨끈뜨끈한 호박죽 한 그릇이면 든든한 한 끼가 되었다. 그 호박죽은 일주일 동안 우리의 밥이 되기도 했고 간식이 되기도 했다. 식은 호박죽도 나름 맛이 괜찮았다.

이제는 모두 흘러간 과거이고 지나가버린 기억이다. 다시는 경험할 수 없을 것 같은 추억이다. 그립다. 눈물 나도록….

그 가게의 쥐포

장거리 여행의 묘미 중 하나는 휴게소에 들르는 것이다. 모든 고속도로에는 20~30킬로미터 간격으로 휴게소가 있다. 휴게소도 사실은 치열한 승객 유치 경쟁을 펼친다. 그래서 좀 더 깨끗하게 청소하며 유지하고, 각종 먹거리 품질도 신경을 쓰는 듯하다.

휴게소 음식의 대표는 오징어와 쥐포다. 오징어는 맥반석 구이가 진리다. 반건조 오징어가 한껏 달궈진 맥반석에서 익어가는 걸 보노라면 어느새 입안에 침이 한가득 고인다. 그리고 오징어보다 급은 낮지만 맛은 더 좋은 쥐포도 빼놓을 수 없다. 이번에 휴게소에서 사 먹은 오징어의 가격은 7,000원, 쥐포의 가격은 4,000원이었다. 예전 가격을 생각하면 도저히 사 먹을 수 없는 고가의 음식이 되어버렸다.

내 인생 최고의 쥐포는 '그 가게'의 쥐포였다. 그 가게는 바로 선산 정류소 안 구석에 자리한 점방이었다. 추운 겨울에는 정류소의 문이 대체로 닫혀 있었다. 따로 난방을 하기는 했지만 엉성한 나무 문을 닫지 않으면 추워서 바들바들 떨 수밖에 없으므로 웬만하면 문을 닫아놓았다. 그리고 문이 닫히면 치명적인 유혹의 냄새가 우리를 괴롭혔다. 출구 쪽 구석, 점방의 작은 화로 위에 놓인 쥐포가 환상적인 향기를 내뿜으며 정류소 안의 공기를 맘껏 휘젓고 다녔다. 우리의 시선은 쥐포로 향했지만, 아쉽게도 주머니는 텅 비어 있었다. 단 한 번도 그 점방의 쥐포를 맛보지 못했다. 대학생이 되어서도 쥐포를 사 먹을 기회가 있었을 텐데 끝내 못 먹어봤다. 낡은 정류소는 길 건너, 새로운 터미널로 이전했다. 그 점방은 그때 사라진 듯싶다.

돌이켜 생각해보면, 어린 시절의 결핍은 내 평생의 자양분이자 에너지원이었다. 국민학교 4학년에 불과했던 어린 나는, '가난과 무지'에서 무조건 벗어나야 한다는 생각을 했다. '나중에 부자 어른이 되어 저 쥐포를 맘껏 사 먹어야지'라는 다짐이 절로 나오곤 했으니까. 만약 내가 풍족한 유년기를 보냈다면, 지금의 내가 있었을까? 역설적이지만 삶에 있어서 '부족하지 않은 것이 부족한 것이다'라는 결론을 내렸다.

무와의
악연

　　　　　우리집 재산은 시골집과 3마지기 논이 전부였다. 3마지기는 600평인데, 여기서 나오는 쌀은 여섯 식구가 먹고 조금 남은 쌀을 팔 수 있을 정도에 불과했다. 그런데 4학년 때 1년 후배인 보영이네 집이 개울가에서 그 건너편으로 이사를 했다. 그래서 우리 가족은 보영이네 집을 10만 원에 사서 집을 허물고, 개울 쪽에 돌로 축대를 쌓아 흙을 골고루 펴서 밭을 만들었다.

　그렇게 만든 밭은 100평 조금 넘었던 것 같다. 늦가을 김장에 쓰려고 밭에 배추와 무를 심었다. 배추와 무는 비교적 재배하기 쉬운 편에 속한다. 그런데 아버지는 형과 나에게 임무를 맡기셨다. 매일 새벽 5시에 일어나 배추와 무에 물을 넉넉히 주라고 하신 것이다. 결국 형과 나는 매일 새벽 5시에 눈 비비고 일어나 물조리개 두 개를 들고 밭에 나갔다.

물은 밭 아래에 있는 우물에서 퍼왔다. 두레박에 물을 한가득 담아 낑낑대며 끌어올려서 정성스레 물을 줬다. 대충 30분은 걸렸던 것 같다. 물을 주고 집에 돌아가 아침을 먹고 학교에 가면 시간이 딱 맞았다.

새벽마다 형과 함께 물을 준 보람은 있었다. 배추와 무는 말 그대로 쑥쑥 자랐다. 무는 아래로는 흙을 파고 들어가 길어졌고, 위로는 무청이 무성해졌다. 아래에 큰 돌이 있으면 돌을 피해서 자랐다. 그래서 어떤 무는 인삼 뿌리처럼 두 갈래로 갈라져 자라기도 했다. 땅 밖에 살짝 나온 무의 푸르고 흰 몸통이 제법 굵어지는 걸 보면 뿌듯했다. 배추도 점점 통이 커져갔다. 배추 통을 짚으로 살짝 묶어주면 속에 하얗게 알이 차올랐다. 이렇게 여름과 가을이 지나갔다. 드디어 늦가을이 왔고 애지중지 키웠던 무와 배추를 수확했다.

우리가 기른 무와 배추로 김장을 했는데, 난 무가 너무 싫었다. 수십 개의 무를 엄지손가락 크기로 썰어야 했기 때문이었다. 아니, 100개 넘게 썰었던 것 같다. 김장에도 썼고 무말랭이를 만들어야 해서 한참을 무만 썰었다. 한석봉 어머니도 아니고, 팔에 쥐가 나도록 무를 썰어야 했던 악몽이 지금도 떠오른다. 그래서 한동안 나는 무말랭이는 먹지도 않았다.

사실 나는 단무지도 싫어한다. 앞에서 말한 밭이 생기기 전에는 산 중턱의 밭에 무와 배추를 심었다. 그 밭은 집에서도 대략 1킬로미터 떨어진 산속에 있었다. 산속이라 일조량이 적어서 수확량도 적었고, 풀과 나무가 밭을 자꾸 침범했다. 그곳에서는 김장용이 아니라 단무지용 무를 심었던 게 기억난다. 김장용 무는 짧고 굵은 무였고, 단무지용 무는 가늘고 긴 무였다.

 산속 밭에서 수확한 무를 여러 꾸러미로 만들어서 사냥에 성공한 사냥꾼처럼 두 손 가득히 들고 돌아갔다. 집에 가져온 무를 깨끗이 씻은 후 적갈색의 고무 대야에 넣었다. 거기에 노란 색소와 소금, 식초 등을 넣어서 노란 단무지를 만들었다. 그래서 단무지를 안 먹는다. 단무지를 만들다가 단무지에 질려 버렸다.

두부와 맷돌

여의도 식당가를 대표하는 가게는 냉콩국수를 파는 '진주집'이다. 여름에는 대기 줄이 50미터가 넘을 정도다. 하지만 날이 서늘해지면 그 길던 줄이 사라진다. 여름을 제외한 계절에는 칼국수와 비빔국수 등으로 버틴다. 그런데 정말 사시사철 빨리 자리가 차는 식당이 있다. 순두부집이다. 이 집은 11시 30분이면 줄을 서야 한다. 그래서 20분쯤 일찍 가서 먹곤 한다. 이 집의 인기 비결은 갓 한 밥이다. 밥이 맛있다. 미리 해 둔 공깃밥을 온장고에서 꺼내주는 집이 많은데, 이 집은 갓 한 밥을 내놓는다. 그리고 순두부를 그날그날 맷돌로 갈아서 요리한다. 그런데도 가격은 7,000~8,000원이다. 맷돌 순두부 가격이 보통 1만 원을 넘는 걸 감안하면 착한 식당이다.

내 기억으로 맷돌 순두부를 만든 적이 딱 한 번 있다. 어머니는 큰 대야에 한가득 콩을 미리 불려놓으셨다. 그리고 그 콩을 같이 짊어지고 맷돌이 있는 큰집(친척 양반댁)으로 갔다. 어머니와 나는 교대로 맷돌을 돌렸다. 내가 맷돌을 돌리면, 어머니는 구멍으로 콩을 한 줌씩 넣으셨다. 반대로 어머니가 돌리실 때는 내가 콩을 넣었다. 맷돌에 갈린 콩은 맷돌 틈으로 흘러나왔다. 그렇게 팔이 아플 정도로 한참 동안 맷돌을 돌렸다. 대충 한 시간쯤 돌렸을 것이다.

그렇게 맷돌로 갈아 만든 콩물을 집에 가져와서 큰 솥에 넣고 끓였다. 그리고 간수를 넣었다. 그랬더니 마법처럼 고체가 둥둥 떠올랐다. 다 끓인 다음 두부를 사각 틀에 넣고 위에서 눌러서 두부 모양을 만들었다. 그때 느낀 두부의 조직감은 아직도 손에 남아 있다. 물렁물렁하지 않고 다소 단단한 느낌이었다. 갓 만들어낸 두부의 맛은 굉장했다. 그런데 맛은 탁월했지만, 이렇게 길고 긴 노력의 산물이라는 게 조금은 답답하고 어리석게 느껴졌다. 그래서 아주 가끔 만들어 먹었으리라.

뒷집에 잠깐 살다 가신 이웃이 있었다. 그 집 아줌머니가 두부를 잘 만드셨다. 사람들이 콩을 들고 가서 두부를 만들기도 했고, 두부를 사 가기도 했다. 그분은 우리처럼 원시적인 방법으로 만들지 않았다. 기계를 이용해서 아주 쉽게 두부를 만들어냈다. 서울에서 아주 가끔 맷돌을 볼 때마다 중학교 1학년이었던 내가 어머니와 함께 맷돌을 돌리던 그 시절이 떠오른다.

냉장고와 수박

어릴 적, 수박은 귀한 과일이었다. 그래도 국민학교 고학년이 되면서부터 수박 값이 확 떨어졌다. 수박 농사를 많이 지어서 그랬는지, 아니면 수확량이 획기적으로 증가해서 그랬는지, 아니면 둘 다 때문이었는지 모르겠다.

5학년 혹은 6학년 무렵이었다. 더운 여름날, 형과 함께 자전거를 타고 선산 시장에 나갔다. 크기가 큰 수박은 가격이 부담스러웠지만 작은 수박은 쌌다. 그래서 형은 작은 수박 대여섯 덩이를 샀다. 그리고 자전거 뒷자리에 탄 내가 수박을 소중히 품에 안고 집으로 향했다.

수박은 최대한 시원하게 먹어야 맛있지만 아쉽게도 우리집에는 냉장고가 없었다. 반면 옆집에는 신문물인 냉장고가 있었다. 아마도 금성(현 LG)의 싱싱 냉장고였을 것이다. 옆집에서 냉장고에서 꺼낸 시원한 수박을 먹는 걸 보면 그렇게 부러울 수가 없었다. 수박을 큼직하게 잘라 냉장고에 넣어두고, 한참 후에 꺼내면 빨간 수박의 겉면에 하얀 이슬 같은 게 맺혔다. 그걸 가끔 한 조각 얻어먹을 때가 있었는데 그 시원한 맛에 감동했다.

우리집에서 수박을 시원하게 먹는 방법은 단 하나, 시원한 수돗물에 담가두는 것이었다. 큰 적갈색 대야에 찬물을 받아 수박들을 담갔다. 시간이 지나 수박을 잘라 먹으면 그래도 맛있었다. 나중에 냉장고를 사면 수박을 차갑게 해서 먹으리라 다짐했다. 냉장고는 중2 무렵에 샀다. 그것도 금성, 삼성 제품이 아닌, 대우전자의 투투 냉장고를 샀다. 그런데 기술의 차이인지 몰라도 우리집 대우 냉장고는 금성 냉장고에서 꺼냈던 비주얼이 나오지 않아 실망했다. 냉장고는 사야겠고, 돈은 부족해서 선택한 대우냉장고였다. 그럼에도 동생과 나는 세상에서 제일 좋은 냉장고는 대우 투투 냉장고라고 말하곤 했다.

잔칫집
풍경

　　　　어릴 때 고기나 떡을 먹을 기회는 많지 않았다. 나는 채식주의자였던 어머니의 영향으로 고등학생이 되기 전까지는 고기를 먹지 않았다. 소고기, 돼지고기 심지어는 치킨조차도 먹은 기억이 거의 없다. 그런데 잔치가 열리면 고기와 떡이 푸짐하게 나왔다. 그리고 나는 고기를 안 먹으니 잔치의 대표적 음식인 잡채, 전, 떡, 과일을 집중적으로 공략했다.

　시골에서 벌이는 잔치는 뻔했다. 대부분 환갑잔치였다. 칠순잔치, 팔순잔치는 그 당시에는 없었다. 그 나이까지 살아 계신 동네 어르신이 없었다. 환갑 전에 돌아가시는 아저씨들이 많았다. 고등학생이었던 우현 형의 할아버지는 50대로 꽤 정정하셨다. 국민학교만 졸업하는 일이 흔했던 그 당시 남자는 스무 살이 넘으면 결혼해서 아이를 낳았다. 또 그 아이가 자라

중학교나 고등학교를 졸업하면 농사를 짓고 때가 되면 결혼했다. 이렇게 20대 초중반에 결혼하다 보면 40대에 할머니, 할아버지가 되니 그 당시에 50대 할아버지는 드물지 않았다. 우리 동네에서는 거의 해마다 환갑잔치가 열렸다. 내 기억으로는 할머니의 환갑잔치는 없었다. 100퍼센트 할아버지의 환갑잔치였다. 부부의 나이 차가 좀 있으니 할머니들이 환갑잔치를 해야 할 무렵인 80년대 중반부터는 갑자기 환갑잔치가 사라진 듯싶다. 그래서인지 할머니의 환갑잔치를 구경한 적이 없다.

잔칫집은 정말 분주했다. 온 동네 어른이 다 모였다. 정겨웠다. 말 그대로 잔칫집이었다. 대부분 품앗이로 일을 거들어줬을 것이다. 이웃사촌이라는 유대가 강했던 시절이다. 남 일도 서로 내 일처럼 생각했다.

물론 잔치는 남자들의 축제였다. 남자들은 오로지 먹고 놀았다. 막걸리를 마시면서 기막히게 맛있는 안주를 축내기만 했다. 그 많은 안주와 음식을 내오는 것은 여자들의 몫이었다. 그렇다고 해서 여자들은 우울해하거나 기분 나빠하지는 않았다. 오손도손 모여서 수다를 떨었고, 전을 부쳤고, 음식을 했고, 그 음식들을 나눠 먹었다. 그들에게도 이날이 1년에 한두 번 있는 해방구였을 것이다.

대형 가마솥에 밥을 짓는 것과 전 부치는 장면이 가장 기억에 남는다. 부뚜막에 있는 큰 솥에 밥을 지으면 40~50분은 걸렸다. 솥뚜껑이 달아오르면 김이 나왔는데, 그 김이 물이 되어 솥의 옆면을 타고 내려오는 걸 구경하기도 했다. 밥이 다 되면 우리 꼬맹이들의 최대 관심사는 누룽지였다. 큰 솥에서 나온 누룽지는 예술이었다. 우리에게는 더없이 맛있는 과자였다.

 그리고 마당에는 벽돌로 간이 부뚜막을 만들었다. 어떤 때는 황토로 만들기도 했던 것 같다. 아무래도 공기가 잘 통해야 했으니 굳이 흙으로 다 막지는 않았다. 그 위에 가마솥의 넓은 솥뚜껑을 뒤집어 올렸다. 거기에 식용유 대용으로 돼지 비계를 올려서 녹였다. 커다란 솥뚜껑이 뜨끈하게 달궈지면 반죽한 각종 전을 부쳤다.

 이제는 생소하고 보기 힘든 시골 동네의 잔칫집 풍경, 이 정겨운 장면이 언제까지나 기억에 생생하게 남아 있길.

김용일 〈옥자네집〉, 90×40cm, 캔버스 위에 아크릴, 2021

03 동식물

쇠뜨기와 뱀딸기 둘 다 별로 좋아하지 않았다.
하지만 쇠뜨기와 뱀딸기가 지천에 있던 옛날 집 앞의 개울가,
그 개울가가 오늘은 무척이나 그립다.

박쥐

국민학생, 중학생 시절에 자주 보던 풍경이 있다. 저녁 어스름에 날아다니던 박쥐. 우리 동네에는 박쥐가 살 만한 어둑한 동굴이 없는데, 어딘가 숨어 살 만한 곳이 있었나 보다.

봉곡 1동에는 동굴이 있었다. 동굴이라고 말하기에는 너무 작은 동굴. 작은 계곡의 한편에 있었고, 주의 깊게 보지 않으면 입구도 보이지 않을 만큼 작았다. 친구들과 가끔 그 동굴에 놀러 갔었다. 그 안에는 친구들 네댓 명이 들어갈 만한 공간이 있었다. 원래 있었던 건지, 누군가 파낸 건지 모르겠다. 동굴 가까이에 사는 친구들이 부러웠다. 별것이 다 부러운 시절이었다. 그리고 산속에 폭포가 있지 않을까 궁금한 마음에 주변을 탐색해보기도 했다. 하지만 폭포는 없었다. 폭포가 있는 곳에 사는 애들도 부러웠다. 물론 구미 금오산의 중턱에는 제법 그럴듯한 폭포가 있었다.

  아무튼 그 동굴에서 박쥐를 잡았다. 솔직히 말하면 징그러웠다. 박쥐는 영락없는 쥐 모습을 하고 있었다. 얼핏 보면 새지만 잘 보면 쥐. 그런데 어마어마한 무리가 함께 산다. 그러다 보니 각종 질병의 원인이 되기도 한다. 하지만 박쥐가 한 시간에 잡아먹는 모기만 1,000마리에 달한다고 한다. 그런 의미에서는 대단히 유익한 종이다. 그리고 다른 지역의 박쥐 군무도 볼 만했다. 수천 마리의 박쥐가 저녁 하늘을 뒤덮고 군무를 펼쳤다. 박쥐를 사냥하러 매가 달려들었지만 좀처럼 잡지 못할 정도로 세차게 날아다니던 장관이 아직도 눈에 선하다.

  지금도 내 고향 하늘에는 박쥐가 날아다니겠지?

사슴벌레에
관통당하다

최애 본부는 집의 오른편 논 위에 있었다. 작은 동산 같은 느낌이었다. 비교적 가파른 언덕 10미터를 올라가면 윗부분에 20여평 정도의 평지가 있었다.

평지 한가운데는 작은 참나무가 있었다. 그 나무가 크면 정말 좋을 텐데 하는 아쉬움이 있었다. 충분한 그늘을 제공했을 것이고 어른들에게 들키지 않을 *엄폐물 역할도 했을 테니까. 그 평지에는 '할미꽃'이 피어 있었다. 그 할미꽃이 참 예쁘다는 생각을 하곤 했는데, 동네 앞 너른 평야의 냇가에 무수히 피어 있는 할미꽃 군락을 본 이후 그 생각이 바뀌었다. 역시 '희소성'이 그것의 가치를 결정하는구나 싶었다.

그 평지에서 놀다가 나와 형찬이, 그리고 동생 정훈이는 가파른 경사지 윗부분에 희한한 공간을 발견했다. 찔레넝쿨이 제법 무성했는데, 넝쿨과 땅 사이에 1미터 정도의 공간이 있었다. 그래서 우리는 그 공간으로 들어가고 흙으로 바닥을 다졌다. 거의 완벽하게 숨을 수 있는 본부가 만들어진 것이다. 형찬이가 대구로 전학 간 이후에는 그 본부를 아랫 동네 친구들과 공유했다.

6학년 때였다. 심심해서 혼자 그 본부에 들어가서 놀고 있는데, 큰 사슴벌레 한 마리가 돌아다니고 있었다. 그걸 오른손으로 집었다. 그렇게 만지작거리다 방심한 차에 사고가 생겼다. 큰 집게에 내 오른손 엄지의 살집 부분이 잡혔다. 힘이 얼마나 좋던지 뗄 수가 없었다. 정말 아팠다. 큰 바늘 두 개에 찔리는 기분이란. 한참 시간이 흐른 후에야 이놈이 내 손가락을 풀어줬다. 거의 구멍이 뚫릴 만큼 상처가 났고 피도 났다. 눈물이 났다.

조만간 살던 동네에 가려 한다. 충분한 시간을 갖고서 이곳저곳, 추억의 장소들을 둘러볼 계획이다. 그때의 작은 동산은 그대로 있는지, 작았던 참나무는 얼마나 컸는지, 그리고 찔레 넝쿨 속 본부는 흔적이나 남아 있을지 궁금하다. 어쩌면 그때 그 사슴벌레를 다시 볼 수 있을지도 모르겠다.

*엄폐물 : 야전에서, 적의 사격이나 관측으로부터 아군을 보호하는 데에 쓰이는 자연적 또는 인공적 장애물

개구리와
두꺼비

　　　　시골에서 개구리만큼 흔하게 보는 것도 없을 듯싶다. 개구리도 꽤 종류가 많다. 작고 귀여운 청개구리도 있었고, '약개구리'라 불렸던 화려한 무늬의 개구리도 있었고, 논에서 흔히 보이던 그냥 개구리(참개구리)도 있었다. 한때 떠들썩했던 황소개구리도 있었다.

　봉곡 2동의 동사무소 건물 앞에는 마당이 있었는데, 그 마당 끝에는 제법 큰 논이 있었다. 거기에는 당연히 개구리가 많았다. 동사무소 마당 끄트머리에서 형들과 친구들은 개구리 낚시를 했다. 꼬챙이 끝에 줄을 묶고 낚싯바늘이 아닌 단추를 달아 낚싯대를 만들었던 것 같다. 그렇게 만든 낚싯대를 논으로 축 늘어뜨리면 개구리들이 너도나도 단추를 물었다. 미끼 역할을 했던 단추를 땅에서 10센티미터 정도 위로 띄워서 살랑살랑

움직이면, 바닥에 웅크리고 있던 개구리가 폴짝 뛰어서 그걸 무는 것이었다. 잡은 개구리를 풀어주고 낚싯대를 내리면 또 그걸 문다. 이런 금붕어 같은 기억력. 아니면 그 개구리도 심심해서 그걸 물었던 걸까?

심심할 때면 그런 식으로 개구리를 많이 잡곤 했다. 할 일 없는 시골의 여름날, 개구리 잡기는 우리의 특별한 놀이였다. 그리고 입이 심심하면 많이들 개구리 뒷다리를 구워 먹기도 했다. 솔직히 말하면 나는 단 한 번도 개구리를 먹었던 적이 없다. 저학년 때는 형들, 누나들이 제법 먹곤 했는데 난 비위에 맞지 않아 먹지 못했다. 친구에게 개구리 뒷다리의 맛이 어떠냐고 물어보니, 의외의 답이 돌아왔다. 소고기 맛이라고 했다. 개구리 뒷다리를 먹어본 추억이 없는 건 시골 촌놈에게는 일종의 콤플렉스가 되기도 했다. 시골에 살지만 시골 놈이 아닌 것 같았다.

개구리에 대한 추억을 떠올리면 자연스럽게 두꺼비가 생각난다. 어린 시절, 마당 한가운데 떡 하니 앉아 있던 두꺼비를 보고 잠깐 놀라고, 그 여유로움에 또 한 번 놀라곤 했다. 보통 작은 동물은 사람을 보면 도망치기 마련인데 두꺼비는 그러지 않았다. '보무당당하게'라는 표현에 걸맞게 천천히, 아주 천천히 한 걸음 한 걸음 가던 길을 갔다. 실제로 두꺼비는 뒷다리가 그다지 길지 않고 머리가 유난히 커서 천천히 걷는다고 한다.

두꺼비는 '복'의 상징이었다. 보통 시골집에는 두꺼비가 한두 마리 살았는데, 다들 두꺼비가 집을 지켜주는 존재라고 믿었다. 실제로 두꺼비는 파리, 모기, 지네 같은 유해 곤충을 잡아먹었다. '진로'가 괜히 두꺼비를 모델로 삼았을까?

나는 어릴 적 진로의 경쟁사였던 금복주(대구·경북 지역의 대표 소주)의 '복영감' 흉내를 잘 냈다. 복영감은 오른손에는 '부자 방망이', 왼손에는 '술 주머니'를 들고 양반다리로 앉아 있다. 내가 그 포즈를 실감나게 잘 따라 했는데, 특히 어금니를 꽉 물면서 바들바들 떨 정도로 힘을 주곤 했다. 복영감의 귀만큼은 아니지만 내 귀도 꽤 크고 두툼해서 복영감 흉내를 내면 어른들이 깔깔 하고 웃으셨다. 툭하면 복영감 흉내 내보라고 부추기기도 했다.

이제는 다 추억이 되었다. 복영감의 기운을 받아서였을까, 어느 즈음부터는 내가 하는 일마다 '복'이 따라오는 것 같다.

뱀딸기와
쇠뜨기

시골에서 아주 흔하게 볼 수 있는 풀이 있다. 그중에서도 뱀딸기와 쇠뜨기가 제일 기억에 많이 남는다. 뱀딸기는 뱀이 먹는다고 해서 뱀딸기라고 불렸는데 뱀이 이걸 먹을 리가 있을까? 뱀이 비타민을 보충하려고 먹을지도 모르겠지만, 내 상식과 지식으로 뱀이 뱀딸기를 먹을 리가 없다.

뱀딸기 열매는 정말 예쁘고 먹음직스럽게 생겼다. 진짜 딸기보다 더 맛있어 보였다. 빠알간 열매가 푸른 잎들 사이에서 둥글게 익는다. 재미있는 점은 열매는 빨간데, 꽃은 노랗다. 아주 작고 귀여운 노란색 꽃이 지고 나면 빨간 열매가 열린다. 뱀딸기 열매는 크기도 적당하고, 울퉁불퉁한 딸기와는 다르게 모양도 균일하게 자란다.

하지만 뱀딸기 열매를 먹어보려고 한 적은 없었다. 뱀이 먹는다는데, 굳이 먹을 필요는 없었기 때문이다. 그리고 열매를 따 먹다가 어딘가 숨어 있는 뱀에게 물리지는 않을까 염려도 되었다. 뱀은 위장술에 능해서 움직이지 않으면 뱀인 줄 모를 때가 많았다. 어른들도 뱀딸기 열매를 먹어보라고 권하지 않은 걸 보면 맛이 없었을 것 같기도 했다. 실제 맛은 싱겁기도 하고 약간 쓰다고도 한다. 게다가 왠지 독이 있을 것 같았다. 예쁜 버섯 중에는 독버섯이 많은 법이니 저 예쁜 뱀딸기에도 뭔가 독성이 있을 것만 같았다. 실제로 독성은 없지만 많이 먹으면 안 된다고 한다.

뱀딸기가 있는 곳에는 쇠뜨기도 많았다. 쇠뜨기는 뱀의 머리 모양이다. 뱀이 꼿꼿하게 머리를 쳐들고 서 있는 모양새다. 그래서 뱀대가리풀, 뱀밥이라고 부르기도 하나 보다.

쇠뜨기와 뱀딸기 둘 다 별로 좋아하지 않았다. 하지만 쇠뜨기와 뱀딸기가 지천에 있던 옛날 집 앞의 개울가, 그 개울가가 오늘은 무척이나 그립다.

아낌없이
줬던
자두나무

옆집에는 탐나는 것이 많았다. 옆집에는 나의 절친이자 항렬상 나의 손자뻘이었던 형찬이가 살았다. 우리 동네는 50여 가구가 사는 작은 곳이었는데, 동네 꼭대기는 우리 일가가 모여 사는 집성촌이었다. 총 일곱 가구가 있었고 함께 제사도 지냈다. 형찬이 아버지는 어린 나를 "아저씨"라고 불렀다. 형찬이 할머니는 나를 "도련님"이라고 부르면서 늘 예의를 갖추시기도 했다.

형찬이네 집에는 철제 대문이 있었다. 그 당시만 해도 대문이 없는 집이 많았다. 있다고 해도 늘 활짝 열려 있었다. 그 대문에는 당시 유행했던 사자 머리가 달려 있었고 편지를 넣는 작은 구멍도 있었다. 대문을 지나 들어가면 내 마음과 눈을 사로잡는 앵두나무가 있었다. 어른 키보다 조금 더 컸는데 앵두가 제법 많이 달렸다. 앵두가 빨갛게 익을 때쯤 나는 그 앵두에 집착했다. 운이 좋은 날은 몇 알 따먹기도 했다.

 그리고 믿기지 않을 만큼 자두가 많이 열렸던 자두나무가 마당 오른쪽 끝에 서 있었다. 그 나무는 요즘 자두 과수원의 키 작은 자두나무와 달리 키가 8~9미터 이상은 되었다. 자두가 발갛게 익을 무렵, 무성한 열매가 달린 가지가 무거워 축 늘어질 때면 수확을 위해 동네 사람들이 모였다. 딱 한 그루뿐이었지만, 거짓말 안 보태고 어른 20~30명이 모였다. 사과 궤짝도 20여 개는 가져와야 할 정도로 자두가 어마어마하게 많이 열렸다. 아마도 신곡(봉곡 2리) 어른들은 웬만큼 다 모였던 것 같다. 그 자두를 팔았는지 그냥 나눠줬는지는 모르겠다. 옆집 아저씨는 오랫동안 이장을 하셨으니 아마 인기 유지용으로 나눠주셨을 것이다. 그런데 몇 년이 지난 후 자두나무에는 더 이상 자두가 열리지 않았다. 어떤 해에는 자두가 십여 개만 달리고 말았다. 그리고 얼마 안 지나 밑동만 남기고 잘라버렸다.

 말 그대로 아낌없이 주고 갔던 그 자두나무가 그립다. 그 자두나무 밑에서 잔치를 벌였던 정겨웠던 풍경은 더 그립고, 그때 함께했던 사람들은 더더욱 그립다. 아마도 그중 많은 분이 세상을 떠났거나 떠날 준비를 하고 계시겠지. 그 자두나무처럼….

깻잎의
추억

깻잎을 좋아하는 사람이 많다. 주로 아저씨, 아주머니가 좋아한다. 요즘 젊은이나 어린이는 별로 좋아하지 않는 것 같지만. 나에겐 고기를 먹을 때 쌈을 싸 먹기 좋은 채소는 역시 깻잎이 제격이다.

어릴 때, 산의 초입에 작은 밭 두 개가 있었다. 우리집은 마을 가까운 곳에 3~4평 정도 되는 땅에 들깨를 심었다. 그러고 보니 위쪽 밭에는 깨를 심었다. 깨는 참기름을 짜려고 심었고, 들깨는 깻잎을 따려고 심었다.

들깨는 다른 식물에 비해 병충해에 강했다. 비료나 농약을 칠 필요가 없었다. 심어만 놓으면 알아서 잘 자랐다. 물론 깻잎을 상업적으로 팔아야 한다면 인위적인 노력이 필요하겠지만, 자급자족이 목적이라면 기르기 너무 편한 작물이다.

깻잎이 제법 무성해지면 사 남매는 깻잎을 수확하러 밭에 나갔다. 바쁜 부모님을 대신해서 사 남매가 그 정도의 일은 잘 해낼 수 있었고 그래야 했다. 가족 간에 정해진 역할이 있었다. 큰 포대 각자 하나씩 들고 깻잎을 재빠르게 땄다. 별로 크지 않은 땅에 심은 깻잎이었지만 생각보다 양이 많았다. 한참 따다 보면 각자 손에 든 포대가 두둑해졌다.

내가 제일 싫어했고 귀찮아했던 작업은 막바지에 남아 있었다. 마구잡이로 따온 깻잎을 40~50장씩 잘 포개어 끈으로 묶는 일이었다. 난 이 일이 참 싫었다. 물론 사 남매가 옹기종기 모여 두런두런 이야기하면서 일하니 그나마 할 만했다. 큰 항아리로 가득 채울 만큼의 깻잎을 정리해놓으면, 깻잎 무침을 만들어서 두고두고 꺼내 먹었다.

들깨가 중간쯤 자랐을 때 덜 익은 들깨를 따서 통째로 프라이팬에 튀겨 먹기도 했다. 생각보다 식감이 좋았고, 과자 같기도 했다. 들깨 튀김을 도시락 반찬으로 가져가면 친구들 사이에서 인기도 있었다.

들깨와 참깨, 그 소소하지만 귀찮은 노동을 하던 시절을 떠올려보면 나름 자연인 비슷한 삶이었다. '나는 자연인이다'를 재미있게 보고 있는 내가 우습기도 하다.

바랭이풀

바랭이풀. '바래기'라고도 불리는 이 풀은 잡초다. 잡초계의 끝판왕, 황제라고 봐도 된다. 일단 흙이 있는 곳이면 어디서나 이 풀을 볼 수 있다. 전국의 논, 밭, 고랑과 이랑, 마실 길, 오솔길, 둘레길 그리고 운동장 등지에서 지금 당장이라도 볼 수 있다.

바랭이풀은 농부를 가장 귀찮게 하는 풀이다. 농사를 짓다 보면 농사를 짓는 건지, 잡초와 싸우는 건지 헷갈릴 정도다. 어쩌면 농부의 한 해는 잡초와의 전쟁인데, 가장 강력한 탱크 같은 적이 바로 바랭이풀이다. 제초제를 뿌려도 잘 안 죽는다. 누렇게 죽어가는 것처럼 보이다가도 금세 다시 자라난다. 그 놀라운 생명력에 감탄하게 된다. 아마도 나훈아가 노래한 '잡초'는 이 바랭이풀일 것이다.

꽃은 붉은빛 또는 자줏빛을 띤다. 줄기가 옆으로 뻗어 자라면서 뿌리도 함께 땅으로 내린다. 열매인 작은 이삭은 연녹색으로 흰털이 나 있고, 10월에 익어 엄청난 양의 열매를 땅속에 숨겨놓는다. 봄이면 차례대로 싹을 틔운다. 먼저 나온 줄기가 뽑히고 나면 후발대가 발아한다. 열매가 땅속에 가득하니 아무리 뽑아도 계속 자라난다. 그러니 한번 퍼지기 시작하면 다른 풀은 뿌리를 내리기 힘들다. 이런 생명력을 지니고 있으니, 예나 지금이나 농부는 바랭이풀 때문에 허리 휘도록 밭을 맬 수밖에 없다. 그런데 독하고 억센 생명력과는 달리 바랭이는 단맛이 난다. 그래서 소나 염소 등 초식동물들이 각별히 좋아한다.

예전에 소를 키울 때는 바랭이풀을 베다 주기도 했다. 그리고 소를 끌고 가서 지천으로 깔린 바랭이풀을 뜯어 먹게 한 적도 있었다. 그리고 소에게 멍에를 씌우고 논과 밭을 갈게 했었는데, 그때마다 소가 바랭이풀을 제일 맛있게 뜯어 먹었던 기억이 난다.

여섯 살 무렵, 어머니와 동생과 셋이 도랑 옆의 작은 텃밭에 가곤 했다. 한 평 정도밖에 안 될 그곳에 어머니는 대파와 부추를 심으셨다. 그때 바랭이풀(아마 왕바랭이풀이었을 것이다)의 이삭을 손으로 훑어서 종이 위에 올려주셨다. 그리고 종이의 끝을 두 입술로 살며시 물고서 "음" 하고 음파를 만드셨다. 그러면 종이 위의 이삭들이 통통 튀었다. 그게 참 신기했다. 한동안 동생과 그걸 갖고 놀았다.
 맞벌이를 해야 했던 어머니 입장에서는 장난감 사줄 형편도 아니었지만, 주어진 환경과 상황 속에서 최선을 다하셨던 듯하다. 값비싸고 멋진 장난감을 갖고 노는 것보다 어머니와 함께 했던 소박한 놀이가 더욱 기억에 남는다.

개와
송아지

뒷집에는 어미 소와 송아지가 있었다. 나는 어릴 때부터 개도 소도 무서워했다. 한번은 큰마음을 먹고 혼자 새우깡 한 봉지를 사서 먹으면서 집으로 오고 있었다. 신작로의 점방에서 우리집까지는 거의 1킬로미터 거리였는데, 문제의 큰 개 한 마리가 따라붙었다. 이 개가 새우깡 냄새를 맡았는지 졸졸 따라왔다. 나는 무서워서 새우깡 하나를 멀리 던져서 떨쳐버리려 했다. 이놈의 개는 얼른 주워 먹고 가지 않고 다시 따라붙었다. 그래서 새우깡을 또 하나 던졌다. 그렇게 던지고 던지고 계속 던져주었다. 아! 이놈의 개한테 완전히 털렸다. 내가 먹은 것보다 더 많이 먹은 개놈. 아! 사회에서의 약탈과 갈취를 이 개한테 먼저 배웠다.

그런데 더 큰 문제는 송아지였다. 우리 밭에 가려면 뒷집을 지나야 하는데 송아지가 겁도 없이 나를 쫓아왔다. 내가 뛰면 송아지도 뛰었고, 쫓아내면 도망치는 척하다가 또 따라붙었다. 완전 찰거머리였다. 나중에는 겁이 나서 나무 위로 올라가버렸다. 송아지가 날 물거나 해코지하는 것도 아니고, 그냥 심심해서 놀자는 것이었을 텐데….

그때 제법 큰 소나무에 올라갔었다. 그날 옴짝달싹 못 하고 한 시간 정도 나무 위에 있어야 했다. 송아지도 엉덩이가 제법 무거웠다. 한 시간 가까이 산 인근의 소나무에서 네가 이기나 내가 이기나 대치했다. 결국 송아지가 먼저 간 다음 눈치를 살피다가 내려와서 일을 보고 집에 돌아갔다. 내려올 때도 송아지가 따라올까 봐 조마조마했다. 그리고 그날 저녁에 황소 한 마리에게 쫓기는 악몽을 꿨다. 아, 무서운 송아지!

이놈의 쥐를 어찌하나?

내가 제일 싫어하는 동물 중 하나가 쥐다. 쥐를 좋아하는 사람은 없을 테고, 혐오하는 동물로 꼽지 않을 사람도 드물 것이다. 시골에는 쥐가 정말 많았다. 우리집도 그랬다. 정지문을 열면 쥐들이 우당탕 소리를 내며 도망갔다. 쥐들에게는 비상 상황이었을 테다. 소리만 들어봐도 서너 마리는 되었을 것이다. 정지에는 큰 나무 쌀통이 있었고 그 옆에는 나무 찬장이 있었다. 그 찬장에는 유리문이 달려 있었지만, 쥐가 갉은 흔적이 많았다. 그래서 찬장에 음식을 넣어두지 못했다. 냉장고가 없던 시절이라, 제일 안전한 보관 장소는 큰 솥 안이었다. 솥이 높기도 했고 솥뚜껑을 늘 덮어두었기에, 어묵 등 귀한 음식들을 보관하기에 제격이었다.

'소 뒷걸음치다 쥐 잡은 격'이라는 속담이 있다. 그게 실제로도 가능할 것도 같다. 비슷한 경우를 봤기 때문이다. 어릴 적 한 시간에 한 번 정도는 소 우리에 들어가서 소똥을 치웠는데, 가끔 쥐 한 마리가 우리 뒤편에서 어쩔 줄 모르고 왔다 갔다 하곤 했다. 거기에 계속 있으면 뒷걸음질치는 소에게 밟히지 않았을까?

　나는 소 우리 안에서 쥐를 보고 어떻게 잡을까, 어떻게 죽일까 고민했다. 아랫동네에 사는 후배는 쥐를 발로 눌러서 잡은 다음, 꼬리를 잡아 뱅뱅 돌리다가 땅바닥에 철퍼덕 내리쳤다. 기절한 쥐 위에 납작한 돌멩이를 얹고 세게 내리밟는 만행(?)을 저질렀다. 나는 차마 그렇게는 하지 못했다.

　그래서 일단 쥐를 양동이로 유인해서 잡아두고 고민했다. 익사를 시킬까, 화형을 시킬까? 결국 제일 덜 미안한 방법으로 죽이기로 했다. 삽으로 땅을 깊게 판 후 거기에 묻어버렸다. 그리고 온 체중을 실어 땅을 밟아 단단히 다졌다. 다음 날 사건 현장으로 돌아가서 죽었겠지 생각하고 땅을 조심스럽게 파보았다. 어라? 쥐는 온데간데없었다. 두더지처럼 땅을 파서 도망쳤나 보다.

누에의 추억

어릴 때 동네에서는 뽕나무를 많이 심었다. 뽕나무를 심는 이유는 무엇일까? 다들 알겠지만, 임도 보고 뽕도 따기 위함이 아니다. 뽕잎을 누에 먹이로 사용하기 위해서다. 부수적인 목적은 바로 오디를 수확하기 위해서였다. 어른들은 전자에, 우리는 후자에 꽂혔다. 오디 맛은 굉장했다. 비교적 흔한 열매였지만 우리에게는 대단한 간식이었다. 오디 서리는 서리로 취급받지 않았다. 그냥 따 먹어도 괜찮았다. 뽕나무밭에 들어가서 전투적으로 먹다 보면, 입술은 물론 얼굴에 오디 물이 들었다. 손은 더욱 심했다. 오디 물은 잘 지워지지도 않았다.

누에를 키웠던 집은 옆집의 형찬이네와 윗동네의 마지막 집이었던 과부 할머니 댁이었다. 그 할머니의 큰아들은 문경의 막장에서 일했다. 당시 문경은 탄광으로 유명했고 벌이도 좋았다. 할머니댁 아들이 귀향하면 약간 금의환향(?)한 느낌을 받았다. 할머니의 뽕나무밭은 우리집 뒤편에 펼쳐져 있었다. 옆집에는 뽕나무밭은 없었지만 밭의 경계 부분에 나무 몇 그루가 있었다.

여름 동안, 옆집의 그다지 넓지 않은 안방은 누에를 기르는 곳이 되었다. 나무 틀을 몇 단에 걸쳐 만들고 그 위에 4~5층짜리 누에가 자라날 집을 만들었다. 어른 손가락 크기의 누에들이 꿈틀대는 장면은 정말 징그러움 그 자체였다. 누에 먹이를 줄 때 뽕잎만 따서 주기도 했지만, 뽕나무 가지를 통째로 낫으로 베어 지게에 잔뜩 싣고 와서 누에가 있는 틀 위에 얹어줬다. 그러면 다음날 뽕잎은 간데없고 앙상한 가지만 남아 있었다. 시간이 지나 누에들이 고치를 만들기 시작하면, 어느새 곱고 하얀 고치가 완성되어 있었다.

지금 생각해보니 옆집에서 누에를 친 이유가 있다. 옆집 아주머니의 친정이 상주였다. 상주는 3백(白)의 고장이다. 쌀, 누에, 곶감. 아주머니는 어릴 때 보고 배웠으니 자연스럽게 어른이 되어서도 누에를 친 듯하다.

어느 날 그 누에 집은 철거되었다. 누에고치를 어딘가에 팔았던 것 같다. 아마도 정부 수매는 아니었을 테고 누에고치 공장에 팔았을 것이다. 그 하얀 고치의 실을 풀어 비단을 만들다니. 솔직히 너무 신기했다. 상상이 안 되었다. 사람이 달에 가는 것

못지않게 어려운 일처럼 생각됐다. 그걸 수천 년 전에 알아내고, 옷을 만들어 그 먼 유럽까지 판 것은 기적에 가까운 일 아닐까.

농업시간, 닭과 돼지 종류 배우기

　대학 들어와서 친구들과 이야기하다가 몰랐던 사실을 깨달았다. 친구들 가운데 고등학교 때 농업을 배운 친구가 거의 없다는 것. 대부분 상업 아니면 공업을 배웠다는 것이다. 나처럼 시골 고등학교를 나온 친구가 없었다.
　사실 나 또한 1학기 때까지는 농업을 공부했지만, 2학기 때는 농업을 포기했다. 중고 시절 유일한 '양'을 받았던 과목이다. 솔직히 그때는 농업 지식들이 쓸모없는 것들이라 생각했다. 하지만 지금 생각해보니 의외로 실용적이었던 듯하다.
　많은 것들이 머릿속에 있지만, 유독 기억에 남는 게 돼지와 닭에 관한 것이다. 닭은 레그혼종, 서식스종, 뉴햄프셔종 등이 기억에 남는다. 계란 생산용으로 키우는 닭이 있는가 하면 고기가 목적인 닭 품종이 있다. 계란 색깔은 흰색과 연한 갈색 두

가지가 있는데, 예전에는 흰색 계란이 굉장히 많았던 거 같은데 어느 즈음부터는 연한 갈색이 더 많다. 농업 선생님 말로는 흰색이 더러워 보인다는 이유로 외면받기 시작했다고 했다. 계란에는 닭똥이 묻기 마련인데 흰색 알에 똥이 묻은 게 영 싫었나 보다. 그러다 요즘 흰 계란이 다시 제법 보이곤 한다.

돼지 또한 닭처럼 영국과 미국에서 유래된 품종이 많았다. 햄프셔, 요크셔, 버크셔 등등. 뒤에 '셔'자가 많이 들어갔는데 이는 '주'를 뜻하는 말로 우리나라 '도'에 가까운 느낌이랄까.

기억에 남는 돼지는 버크셔였다. 까만 흑돼지였고 유난히 둥근 체형이기 때문이었다(동네에 버크셔 체형인 형도 있었다). 당시 버크셔, 요크셔, 랜드레이스, 듀록 등이 유명했는데 요즘에는 요크셔(Y), 랜드레이스(L), 듀록(D) 세 가지를 교잡한 YLD가 대세라고 한다.

고급안주로 유명한 이베리코 돼지도 요즘 인기가 많다. 이 돼지는 도축하기 몇 달 전에 도토리 숲에 방목하여 도토리를 먹인다고 한다. 그래서 육질이 소고기 같단다. 이 돼지의 뒷다리를 숙성시킨 게 '하몽'이고, 와인 안주로 제격이라고.

왜 이렇게 닭, 돼지를 이야기하느냐고? 옛날 희미한 기억들이 사라지기 전에 생각나는 대로 검색까지 하며 정리하는 중이다.

김용일 〈구야네 뒤안〉, 80×160cm, 캔버스 위에 아크릴, 2020

04 　　　　가족

참 어려웠던 시절이었다.
특히 어머니께 더욱 혹독한 시간이었을 것이다.
나였다면 도망갔을지도 모른다.
그 시간을 견뎌내신 어머니께 감사하다.

비행기
장난감

어머니는 20년 가까이 일하셨다. 그런데도 나와 동생에게 신경을 많이 쓰셨다. 형과 누나가 우리를 잘 돌보아주기는 했어도 지금 생각해보면 어머니도 없는 시간을 쪼개어 이것저것 구경을 많이 시켜주셨다. 일곱 살 무렵, 구미 시내에 가 큰 천막 안에서 서커스를 본 게 기억난다. 공중그네 묘기도 봤고, 동물들이 하는 신기한 묘기도 봤던 것 같다.

그 당시 이렇다 할 장난감이 없었는데, 어느 날 어머니는 큰 마음을 먹고 비행기 장난감을 사주셨다. 바퀴가 달려 움직일 수 있는 꽤 괜찮은 장난감이었다. 그걸 자랑한답시고 들고 나가 흙바닥에서 놀았다. 그런데 한 시간도 채 되지 못해 장난감이 고장나버렸다. 그냥 방 안에서 가지고 놀았다면 그렇게 빨리 고장 나지 않았을 텐데. 없는 생활비에서 겨우 사주신 장난감이었기에 얼마나 속상했던지. 어머니는 더 그랬겠지만.

  40년이 지난 지금도 그때를 생각하면 가슴 한편이 아련해진다. 모든 게 부족했고 결핍되었기에 이런 추억도 생겼을 것이다. 만약 그때 내 삶이 풍족했다면 그래서 아쉬울 게 없었다면 지금 내 삶도 많이 달라져 있을 것이다.

소독약

어릴 때는 많이 다쳤다. 상처가 자주 생겼고, 늘 어느 부위든 아물고 있거나 딱지가 생기거나 그랬다. 그럴 때마다 집의 상비약으로 처치를 했다.

과산화수소와 포비돈이 바로 그것이다. 당시 포비돈은 *아까쟁끼라고 불렀다. 일본어로 '아까'는 붉다는 뜻이다. 그래서 붉은 용액인 포비돈을 아까쟁끼라고 불렀다.

상처에 일단 과산화수소를 몇 방울 떨어트렸다. 그때마다 하얀 거품이 보글보글 올라왔다. 난 그것을 굉장히 좋아했다. 거품이 조금 나는 거보다는 많이 나는 것을 선호했다. 거품의 양에 따라 소독이 잘 된다고 믿었기 때문이다. 그러고 나서 아까쟁끼를 발랐다. 그러면 거의 완벽한 처치가 되었다고 믿었다. 가끔 만병통치약이었던 '안티푸라민'을 바르기도 했다. 또 피가 많이 나면 상어 뼈라고 믿었던(?) 가루를 긁어서 상처에 뿌렸다. 지혈은 확실히 잘 되었다(나중에 검색해보니 상어 뼈가 아니라 갑오징어 뼈라고 나왔다).

4학년 때의 일이다. 하교하면 집에는 늘 어머니가 안 계셨다. 구미공단에서 일하고 계셨기 때문이다. 어머니가 계신 날이면 정말 기뻤다. 안 계시면 많이 서운하고 허전했다.

그날은 친구랑 놀고 집에 오다가 다쳤다. 어머니가 집에 있는 걸 알고서 급히 뛰다가 돌부리에 걸려 넘어진 것이다. 무릎이 까졌다. 부뚜막에서 어머니는 불을 때고 있었다. 무릎에 난 상처를 '호호' 입으로 불어주고선 아까쟁끼를 발라줬던 거 같다. 40년이 지난 일이지만 그때의 따스함과 포근함, 안정감이 잊히질 않는다.

*아까쟁끼: 赤チンキ. 일본어로 요오드팅크

안테나
사건

봉곡의 옛집은 방이 세 개였다. 안방이 있었고, 가운데 방은 난방이 안 되는 애매한 창고 같은 방이었고, 산 쪽으로 작은 방이 있었다. 작은 방 제일 위쪽에 책상이 있었는데, 나는 거기에 앉아서 공부했다. 문제는 방음이 안 된다는 것이었다. 안방에 다섯 가족이 TV를 재미있게 보려면 볼륨을 높여야 했는데, 그 소리가 커서 여간 신경 쓰이는 게 아니었다. 그래서 나는 소리 좀 낮춰달라고 성화였고, 안방에서는 볼륨을 줄이는 시늉을 했지만 금세 소리가 커져 있었다.

나중에 열이 받을 대로 받은 나는 긴 대나무 장대를 들고 지붕 위의 안테나를 휙 돌려버렸다. 그 당시는 안테나가 필수인 시대였으니, 안테나가 휙 돌아가버리면 방송 수신이 안 돼서 TV가 나오지 않았다. 나는 얼른 작은 방으로 가서 공부했고,

형은 바깥에 나와 장대를 들고 안테나를 조정했다. 형이 큰 소리로 안방의 가족을 향해 "테레비 나오나?"라고 외치면, 나머지 식구는 "아직, 조금 더!" 하는 식으로 대화하면서 안테나를 조정했다.

지금 같으면 도서관에 가거나 학교에 남아서 공부하면 될 텐데, 그때는 뭐든 부족한 시절이었으니 열악한 환경에서도 참아가며 공부할 수밖에 없었다. 참 어려운 시절, 힘겹게 살았다. 그래도 불행 중 다행은 그것을 고생이라고 생각하지 않았고, 불평도 안 했다는 것이다. 바로 눈앞에 비교할 만한 대상이 없으니 그랬을 것이다. 철없는 어린애였던 것이 다행이라면 다행이다.

눈물을
훔치며
농약을
뿌리다

    1982년, 여름방학이 시작할 무렵이었다. 나는 김천(옛 금릉군 감문면)의 외갓집에 갈 생각에 무척이나 설레었다. 피서다, 여행이다 해도 외갓집에 가는 일만큼 신나는 일은 없었다. 외갓집에는 사 남매가 다 함께 가기로 했고, 갈 타이밍만 재고 있었다. 문제는 아버지의 농사 일정이었다. 아버지는 논에 농약을 칠 계획이 있었는데 그게 내일일지, 모레일지 알 수 없었다.

    사 남매는 아버지 몰래 기습적으로 외갓집에 가기로 했다. 외갓집에 가려면 버스를 무려 세 번이나 갈아타야 했다. 먼저 선산읍까지 가야 했는데, 선산행 버스는 하루에 세 번(아침, 점심, 저녁 무렵 한 번씩)밖에 안 다녔다. 그리고 선산에서 김천으로 가는 버스는 비교적 자주 있었다. 김천으로 가는 길에 '배시내'

라는 곳에 내려서, 감문으로 가는 버스로 환승해야 했다. 문제는 이 버스도 하루에 몇 대만 다닌다는 것. 배시내에서 두세 시간도 기다렸던 적이 있었다. 기다리는 동안 전봇대에 붙은 영화 전단을 외우다시피 하기도 했다. 달리 할 게 없었으므로. 고대하던 감문행 버스를 타고 20여분 달리면 마침내 외갓집 광덕리 입구에 내릴 수 있었다. 광덕리 입구에서도 외갓집까지 2킬로미터 정도 걸어야 했다.

  우리 사 남매는 여름방학의 어느 날 아버지 몰래 선산행 버스를 탔고, 선산 터미널에서 김천행 버스로 갈아탔다. 사실 마음이 조마조마했다. 아버지에게 들켜서 잡힐까 봐. 김천행 버스를 타자 설마 여기까지는 오지 못하시겠지 싶어 안도감이 들었다. 그런데 이게 웬일인가? 김천행 버스가 선산을 막 벗어날 무렵, 이상한 느낌이 들었다. 확실히 분위기가 싸해진 듯싶었다. 얼마 안 있어 차가 멈췄다. 차가 고장 난 게 아니었다. 아버지가 그 버스를 세우셨던 것이다. 정말 놀랐다. 결국 우리 사 남매는 버스에서 내려야 했다. 정말 크게 혼났다. 그리고 동네로 다시 끌려왔다. 동네 입구에 도착했을 때, 형의 손에 들려 있던 수박 한 덩이에 눈길이 갔다. 그때 아버지는 아직도 화가 덜 풀리셨는지 수박을 땅바닥에 내동댕이치고 낫으로 몇 번을 찍어 버리셨다. 외갓집에 못 간 것도 서러운데, 값비싼 수박마저….

  그리고 곧바로 우리는 외출복을 그대로 입은 채 농약을 쳤다. 제초제였는지, 살충제였는지 기억은 안 나지만 물에 희석된 농약을 뿌렸다. 길가에 농약이 담긴 큰 대야가 있었고, 그 안에 긴 호스가 연결되어 있었다. 우리는 그 호스를 잡아당겨서 논 이곳저곳 구석구석 농약을 살포하는 걸 도왔다. 바람을 등지고 농약을 뿌려도 상당량의 농약을 흡입할 수밖에 없다. 마스크도 안 쓰고 했다. 그렇게 두어 시간 일하니 작업이 끝났다. 그 다음날 결국 외갓집에 갔다. 멀고 먼 외갓집….

효자로
오해받다

　　　　5학년, 아주 평범한 어느 하굣길이었다. 반팔 또는 얇은 긴 팔을 입던 날씨였다. 막 동네에 들어섰을 때, 어떤 아저씨가 나에게 이렇게 말했다.
"네 아버지 봉곡 1동 다리 밑으로 떨어졌다."
난 아들 된 도리로 가봐야 한다고 생각했다. 집에 가서 자전거를 타고 봉곡 1동으로 갔다. 그 다리는 큰 길가 상동이네 집 맞은편에 있었다. 다리 위로 신작로가 나 있었다.
　내가 갔을 때는 아버지는 다리 위로 올라와 계셨다. 자전거를 탄 채로 다리 아래로 떨어졌던 건 사실이었다. 다행히 별 외상은 없었다. 그런데 사람들의 시선이 내가 타고 온 자전거에 쏠렸다. 왜냐하면 자전거 두 바퀴 모두 펑크가 나 있었기 때문이다. 난 몰랐다. 그냥 둔해서 못 알아챈 것이다. 그런데 사람들은 내가 효자라서 그것도 모른 채 달려온 거라고 생각했다. 덕분에(?) 나는 한동안 신곡의 효자로 불렸다. 정말 아니었는데….

이런 사고는 자주 일어나지는 않았으나 전혀 없지도 않았다. 동네 동생도 똑같은 사고를 당했다. 봉곡과 선산 사이에는 딱 하나의 다리가 있었다. 그 다리는 산에서 내려오는 개천 위를 가로질렀다. 너비는 대략 5미터는 되고 높이는 3미터 정도는 될 것이다.

지금 그 추락사건을 유추해서 생각해봤다. 그 다리는 왕복 2차선 위에 있었는데, 그 길에는 차가 많이 다니진 않았다. 그런데 그 다리에 올라설 때 차가 왔다면, 길 가로 붙어야 했을 것이다. 그러다가 균형을 살짝 잃을 수도 있다. 그러면 아래로 떨어질 수 있다. 다리 양옆에는 그 어떤 안전장치도 없었기 때문이다.

밑에 물이 있었을까? 물이 있었다면 다행이었을 것이다. 물이 없었다면, 굵은 모래들이 있었을 가능성이 있다. 하지만 내 어렴풋한 기억으로는 아래에 제법 큰 돌, 바위도 있었던 듯싶다. 아버지나 동생이나 아주 운좋게 떨어진 듯하다. 다쳤다는 이야기는 들은 적도 없고 내가 보기에도 멀쩡했기 때문이다.

지금은 자전거 도로가 있어 안전하다. 그리고 웬만한 크고 작은 다리에는 난간이 있어 다리 아래로 떨어지는 사고를 피할 수 있다. 안전에 대한 의식도 부족했고, 지역 예산도 턱없이 부족했을 시절. 곳곳마다 위험천만한 것들 투성이었지만, 다들 별 탈 없이 지냈다는 게 놀라운 기적이었음을 새삼 깨닫는다.

딱지

 어릴 적에는 조심성이 없었다. 놀다보면 여기저기 상처가 났다. 그래도 다쳐서 만들어지는 상처보다 모기 때문에 생기는 상처가 많았다. 산 바로 아래가 집인 탓에 강한 모기가 많았다. 산 모기가 무섭다고들 하지 않는가.
 모기에 물리면 그 가려움을 참지 못하고 손으로 긁었다. 물론 손은 깨끗하지 않았다. 무엇보다 손톱으로 긁었는데 손톱은 더 문제였다. 짧지 않았고 손톱에는 각종 때가 많이 남아 있었다. 결국 더러운 손으로 모기 물린 곳을 긁다 보면 그 상처는 꼭 곪았다. 하루 이틀만 지나도 노란 고름이 차올랐다. 그걸 또 터트린다. 이때도 소독되지 않은 손으로 꾹꾹 눌렀다. 결국 그 상처도 덧나고 고름이 반복해서 생겼다. 결국 내 다리는 여기저기 딱지가 생겼고 지금도 자세히 보면 수많은 옅은 흉터들이 남아 있다.

 다치든 모기에 물리든, 상처에는 딱지가 만들어지기 마련이었고 그 딱지가 익을 때면(상처가 아물 때면) 그것을 노리는 누나의 손톱이 있었다. 딱지가 까맣게 변하고 제법 두툼해진다. 그러면 딱지의 가장자리가 살짝 들뜨기 시작한다. 누나는 그 순간에 딱지를 떼는 게 그렇게 재미있었다고 한다. 덜 아물었는데 떼면 피가 나고 그 자리에 또 작은 딱지가 생기곤 했다. 아무튼 그 딱지를 떼고 싶은 누나는 과자 등으로 우리를 구슬려 동생들의 딱지를 떼는 고약한 취미를 유지했다.

구들장

 어릴 때 방에서 장난치면, 늘 "이놈들아, 구들장 무너진다"는 소리를 들었다. 실제로 구들장이 무너지기도 했다. 그러면 바닥에 금이 가고, 그곳을 통해 뜨거운 열기와 연기가 새어 나오기도 했다. 이렇게 되면 일이 엄청나게 커진다. 일단 방에 있는 모든 물건을 다른 방으로 옮겨야 했다. 그리고 장판과 그 아래 바닥의 시멘트를 걷어냈다. 그러면 구들장 돌들이 모습을 드러냈다. 너무 두껍지 않으면서도 넓은 돌이 구들장에 사용하기 적당했다. 그런데 이런 돌은 흔하지 않다. 직사각형이나 정사각형 모양의 돌은 더 찾기 어렵다. 그래서 구들장 공사는 참 어려운 작업이었다.

 아버지는 깐깐하게 일하시는 편이었기에 시간이 오래 걸렸다. 함께 일하는 게 쉽지 않았다. 하루 종일 이 돌 저 돌 올렸

내렸다 하고, 또 이 돌은 이렇게 놔봤다가 저렇게 놔봤다가 하는 통에 짜증이 한껏 올라왔다. 마침내 아버지의 '오케이' 사인이 떨어지면, 작은 돌로 틈 사이를 메웠다. 그 위는 진흙을 이겨 덮었다. 마지막으로 시멘트를 평평하게 깔고, 시멘트 칼로 맨질맨질하게 다듬었다.

  정말 귀찮은 일이 아닐 수 없다. 그래서 나중에 연탄 보일러를 시공했을 때 너무 좋았다. 가스와 전기로 난방하는 지금은 엄청난 호사를 누리고 있음을 안다. 그런데도 마음속에서는 불평과 불만이 끊임없이 샘솟고 입술로 흘러나온다. 사람의 마음이란 참 간사하다.

무당과 굿

내가 살던 고향은 무속 신앙과 불교의 영향력이 아주 컸다. 대부분 불교와 절에 익숙했고, 윤회설과 기복 신앙이 의식 밑바탕에 깔려 있었다.

우리집도 예외는 아니었다. 오히려 더 열심히 무속 신앙을 믿는 편에 가까웠다. 우리 어머니는 힘든 일이 찾아올 때마다 무당을 불러 집에서 굿판을 벌였기 때문이다. 영화 <곡성>에서 배우 황정민이 벌였던 굿판을 생각하면 된다. 실제로 무당 혼자서 굿을 하지는 않고 팀을 이뤄서 했다. 정확히 기억은 나지 않지만 세 명이 한 팀이었던 것 같다.

굿판에서는 각자 역할이 정해져 있는 것처럼 보였다. 한 사람은 북이나 장구를 치고, 또 다른 사람은 칼을 들고 방방 뛰면서 춤을 췄다. 그리고 나머지 한 사람은 정확히 뭘 했는지는 모르겠다. 우리집이 동네의 제일 위쪽에 있었는데도 정말 온 동네가 떠나갈 듯이 시끄러웠다. 한밤중에 굿판을 벌였는데, 아무도 쫓아 나오지 않은 걸 보면 동네 사람들이 착했던 것 같다.

문제는 우리집이 단칸방이나 다름없었다는 것이다. 방음이 전혀 안 되는 방에서 사 남매가 밤잠을 설쳤다. 무속인들은 지치지도 않았다. 진짜로 밤을 꼬박 새웠다. 아침까지 열심히 굿을 했다. 아침에 무시무시한 칼을 마당에 집어 던지면서 주문을 외는 모습이 가장 기억에 많이 남는다. 굿판을 벌이기 전까지는 힘이 전혀 없었던 어머니가 생기가 돌았던 것 같아 한편으로는 신기했다.

어머니가 무속인들에게 굿 값을 치르는 걸 슬쩍 봤다. 정확히 기억은 나지 않지만 거의 한 달 월급에 맞먹을 만큼 비쌌다. 월급이 8만 원쯤 할 시절이었는데 십 몇만 원을 줬다. 이런 굿판은 1년에 서너 번은 치렀다. 시간이 지나 이런 굿판을 벌이지 않게 되었을 때는 참 다행이라고 생각했다. 너무 시끄럽고 동네 사람들 보기 창피했기 때문이다.

어머니는 무속인을 신뢰하셨다. 그래서 고3 때 어머니는 아주 값비싼 부적을 사셨다. 그 부적을 아주 작은 주머니 속에 담아주며 잃어버리지 말라고 신신당부하셨다. 나는 친구들 몰래 조심스럽게 몸에 지니고 다녔다. 잃어버릴까 노심초사했고 잃어버렸다가 큰 화가 닥칠까 두려웠다. 한번은 친구 광철이가 내 부적 주머니를 빼앗아 도망쳤다. 주머니를 풀어보려 하는 걸 겨우 막았다. 부정 탈까 봐 그랬다. 광철이는 요즘 같은 세상에 무슨 그런 미신을 믿냐며 핀잔을 줬다. 하지만 대학 입시 앞에서 지푸라기라도 잡고 싶은 마음에 어머니의 부적을 보물처럼 다뤘다.

  그랬던 내가 연세대에 입학해 채플 수업을 들으려니 어색했다. 하지만 마음이 그다지 불편하지 않았고 오히려 편안하기도 했다. 채플 시간에 진행되는 각종 프로그램이 재밌기도 했다. 지금은 나도 어머니도 많이 변했다. 우리는 과거와는 단절된, 새로운 삶을 살고 있다.

비
오는 날의
풍경

시골에서 비는 상당히 반가운 손님이다. 농사일에서 가장 중요한 요소는 비라고 생각한다. 적당한 크기의 밭농사나 텃밭의 각종 작물은 가뭄에도 적절히 대응할 수 있었지만, 논농사는 다르다. 벼는 물이 없으면 자라지 못하거나 말라 죽는 친수성 작물이기 때문이다.

하지만 비가 오는 날이면, 특히 소나기라면 우리집에서는 이야기가 달라진다. 일단 바깥에 널어놓은 빨래가 문제였다. 적당한 굵기의 나일론 줄을 기둥과 기둥(혹은 나무, 대문 등)에 묶어서 빨래 건조 공간을 확보했다. 줄이 긴 경우에는 중간에 나무 막대기로 받치곤 했다. 이때 긴 지게 막대기 같은 것을 세워두었는데, 줄을 잘 지탱하기 위해 막대기 끝이 V자 모양으로 갈라져 있었다.

볕 좋은 날 보송보송 잘 마른 빨래를 비에 젖게 하는 건 어머니의 삶의 의지를 허무는 일이었을 것이다. 비가 오려고 하면 가족 중 한 명은 얼른 빨래를 걷어서 방으로 옮겨야 했다. 그리고 마당에 여기저기 널브러진 농기구와 각종 살림살이도 처마 안쪽으로 옮겼다. 소와 송아지를 키우던 시절에는 바깥에 묶어둔 가족 같은 아이들을 외양간으로 피신시키는 것도 큰일이었다.

아버지는 이런 일들을 *'비설거지'라고 하셨다. 비가 오는 날에는 반드시 이 비설거지를 해야 해서 참 성가셨다. 비설거지를 안 하거나 대충 하면 아버지가 불같이 화를 내셨다. 어린 나에게는 대충 해도 될 일이었지만, 꼼꼼한 아버지에게는 그렇지 않았다. 사실 딱히 할 일도 없었지만, 그런 일들이 무척 귀찮았다.

비설거지를 마치고 나면 우리는 비 내리는 풍경을 감상했다. 대강 마무리해서 올렸던 지붕의 연한 슬레이트 끄트머리에서 빗방울이 투둑투둑 떨어졌다. 우리 사 남매는 처마 밑에서 손을 내밀어 손바닥이나 손등에 떨어지는 빗방울의 시원한 느낌과 중력을 즐겼다. 그럴 때마다 아버지와 어머니는 물방울이 닿는 부위에 사마귀가 생긴다고 하며 우리를 말리셨다. 좀 그럴듯한 말이었다. 하지만 틈이 날 때마다 떨어지는 빗방울에 손을 내밀었다. 어릴 때는 손에 종종 사마귀가 생길 때마다 '부모님 말씀을 무시한 벌을 받는 걸까?' 생각하기도 했다.

비가 오면 흙 마당에서 정겨운 냄새가 피어올랐다. 바짝 마른 땅에 굵은 빗방울이 떨어지면 자그맣게 먼지가 일기도 했다. 그리고 조금 지나면 흙냄새랄지 먼지 냄새랄지 아주 묘한 냄새가 콧속을 자극했다. 지금도 비 오는 날의 냄새를 맡을 때면 복작복작했던 어린 시절의 일상이 떠오른다.

*비설거지: 비가 오려고 하거나 올 때, 비에 맞으면 안 되는 물건을 치우거나 덮는 일.

갈라진 발뒤꿈치

어머니는 구미 공단에서 무려 18년이나 일을 하셨다고 한다. 나는 대략 7~8년 정도 다닌 걸로 기억했기 때문에 그렇게 오랫동안 일하신 것에 깜짝 놀랐다. 하긴 학교에서 돌아오면 집에 어머니가 계셨던 날이 매우 적었다. 우리 사 남매를 낳고 키우신 시간을 감안하면 산후조리도 못 하고 계속 일하셨을 것이다. 그래서 다른 어머니들에 비해 유독 허리가 휘어지신 것 같다.

또 기억에 남는 것은 어머니의 발뒤꿈치다. 어머니의 뒤꿈치는 가문 논처럼, 거북이 등껍질처럼 쩍쩍 갈라져 있었다. 걸을 때마다 꽤 아프셨을 것이다. 달리 약도 없었던 것 같다. 일을 그만두고 푹 쉬면서 잘 관리하면 좋아졌을 텐데…. 요즘은 흔한 콜라겐을 먹거나 크림을 듬뿍 발라줬다면 훨씬 나았으리라.

그때 어머니는 젖소 똥을 구해서 말린 뒤, 그 똥을 태우는 연기에 발뒤꿈치를 쐬셨다. 우리 동네에는 젖소가 없었다. 다행히 옆 동네 봉곡 1동에는 젖소를 키우는 집이 꽤 많아서 옆 동네에 가서 젖소 똥을 조금 얻어왔었다. 젖소 똥을 태우는 연기가 효험이 있다고 믿었던 것 같다. 지금 생각해보면 별 효과도 없는 민간요법이었다.

그렇게 꽤 오랫동안 고생한 끝에 집의 빚 문제가 웬만큼 해결되어갈 무렵, 어머니는 길고 길었던 공단 일을 그만두셨다. 학교를 마치고 돌아오면 어머니가 집에서 기다리고 계셔서 좋았다. 그동안 늘 집이 텅 비어 있었기 때문에, 친구들의 어머니가 일을 안 나가고 집에 계신 게 참 부러웠다. 일을 그만두시고 나서는 발뒤꿈치가 많이 부드러워지셨다. 더 이상 젖소 똥을 가지러 봉곡으로 갈 필요도 없어졌다.

비와
우산

　국민학생 때는 일기예보라는 것을 몰랐다. 저학년 때는 집에 TV가 없어서 그랬고, 고학년 때는 일기예보를 볼 짬이 없었다. 아침을 먹자마자 일찍 학교로 가야 했기 때문이다.
　그러다 보니 아침부터 비가 오는 게 오히려 더 좋았다. 제일 서러웠던 때는 오전에는 맑았다가 오후 하굣길 무렵에 비가 오는 날이었다. 이런 날 상당수 친구의 어머니들이 우산을 들고 학교로 오셨다. 어머니가 들고 오신 우산을 쓰고 집에 가는 애들이 부러웠다. 모처럼 학교에 오신 어머니를 졸라 군것질도 할 좋은 기회였다.
　구미 공단에서 일을 하고 계신 어머니는 당연히 오실 수 없었다. 아마 비가 오는 것을 보면서 비를 맞고 집에 올 자식들을 걱정하셨을 것이다. 운이 좋아 친구와 함께 우산을 쓰고 돌아가기를 바라셨을 것이다. 어떤 날은 오시지 못할 어머니를 잠시 기다리기도 했다. 아니면 다른 친구들 눈에 불쌍하게 비칠 내 모습이 싫어서 교실에서 딴짓을 하거나, 다른 곳에 몸을 숨기기도 했다.

그런데 아주 가끔, 오후에 비가 오는 날 어머니가 데리러 오시기도 했다. 아마 밤새 일하시고 아침에 퇴근하셨다가 빗소리에 깨서 피곤한 몸을 이끌고, 아들을 위해 4킬로미터가 넘는 길을 걸어서 오셨을 것이다. 티를 내지 않으려고 노력했지만, 아마도 내 얼굴에는 의기양양함과 기쁨이 가득했을 것이다. 어머니가 데리러 오신 어느 날, 포상동 여자애들과 함께 걸어가게 되었다. 어머니는 여학생에게 이런저런 말을 건네셨던 것 같다. 나는 그 친구와 더 가까워진 것 같아 기분이 좋았지만, 무엇보다 어머니와 함께 집에 돌아갈 수 있어서 제일 행복했다.

어머니의
수박들

나는 구미에서 태어났고, 서너 살 때 봉곡으로 왔다. 야반도주하다시피 해서 같이 제사를 지내는 가까운 친척 집의 사랑방에 살게 되었다. 거기서 몇 년을 살았고, 그러는 동안 우리가 살 집을 지었다. 새집에 들어간 게 일곱 살이 되기 전이었던 것 같다. 안 믿을지 모르지만 세 들어 살던 때와 집을 짓는 과정이 기억난다. 아마 다섯 살 전후에 겪은 일일 텐데 아직도 기억에 남아 있다.

세 들어 살던 시절, 집에 나 혼자 있던 날이었다. 낮잠을 자다 깼는데 아무도 없어서 울었다. 그때 주인아주머니(항렬로는 형수님)가 장독대로 가서 항아리 뚜껑을 열어 과자 한 봉지를 꺼내주셨다. 난 과자를 먹으며 울음을 진정시켰다. 알고 보니 내가 울면 과자를 주라고 어머니가 부탁하고 가셨다고 한다.

어머니는 돈 한 푼이라도 더 벌려고 부업을 많이 하셨다. 작은 점방도 겸했다. 어느 날은 수박을 100통 정도 싣고 오시더니 주인집 창고와 우물 곁에 잔뜩 쌓아두셨다. 나는 어린 마음에도 이걸 어떻게 다 파나 걱정이 되었다. 아마도 수박 때문에 아버지랑 크게 싸우셨던 것 같다. 어쨌건 그 수박들은 다 사라졌다. 다 팔았던 모양이다.

참 어려웠던 시절이었다. 특히 어머니에게는 더욱 혹독한 시간이었을 것이다. 나였다면 도망갔을지도 모른다. 그 시간을 견뎌내신 어머니께 감사하다.

옷

국민학교 시절 외출복(등교용), 평상복, 잠옷은 모두 하나였다. 하루 종일 한 옷만 입고 다녔다는 말이다. 너무 더럽지만 않으면 거의 일이 주일 동안 같은 옷을 입기도 했다. 그래서 한두 벌만으로도 한 계절을 쉽게 지낼 수 있었다. 옷을 살 여력이 없기도 했다.

우리집에는 옷장이 하나 있었다. 물론 장롱도 있었지만, 거기에는 이불만 넣어도 꽉 찼기에 대부분의 옷은 그다지 크지 않은 옷장에 모두 쑤셔 넣었다. 어른 키에 못 미치는 높이의 옷장이었고 5칸이 있었다. 제일 위 칸은 형, 둘째 칸은 누나, 셋째 칸은 나, 넷째 칸은 동생의 영역이었다. 제일 아래 칸에는 애매한 것, 예를 들면 양말 같은 것들을 넣었다. 그 작디작은 공간에 내 사계절 옷이 다 들어갔다. 그만큼 옷이 없었다는 것이다.

그 시절 시골에서는 패션을 신경 쓰는 친구는 거의 없었다. 다 고만고만해서 창피할 일도 없었고, 상대적으로 별로 꾀죄죄하지도 않았다.

4학년 때쯤이었다. 그 당시 어머니가 다니셨던 구미 공단의 회사는 수출을 꽤나 했던 의류 업체였다. 어느 날 어머니가 잠바 서너 벌을 갖고 오셨다. 지금 생각해봐도 세련된 옷이었다. 한두 군데 하자가 있어서 버려지는 옷을 가져오신 것이었다. 요즘 용어로는 리퍼 제품이라고 할 수 있다.

6학년 겨울, 교실에서 찍은 사진 속에 그 옷을 입은 내가 있다. 위아래가 붉은색과 푸른색으로 디자인된 잠바였다. 우주복 느낌이 나는 밝은 은회색의 잠바는 형이 입었다. 우리는 어머니가 가져오신 옷을 꽤 오래 입었다. 2년 동안 입다가 작아진 옷은 동생에게 물려주고, 나는 형에게서 옷을 물려받아 입었다. 그래서 겨울 패션은 나쁘지 않았다.

그 추억을 떠올리며 아들 방에 들어가보았다. 단칸방에 여섯 식구가 살았던 옛날을 생각하면 아들은 정말 호강을 누리고 있는 셈이다. 아들 방에는 붙박이장도 있고 서랍장도 있다. 그 안에는 계절별로 잘 정리된 옷이 가득하다. 양도 양이지만 질적으로도 나무랄 데 없다. 옷 한 벌로 한 계절을 났던 나와 비교하면 아들은 큰 호강을 누리고 있다. 그러나 아들은 자신이 누리고 있는 모든 혜택을 너무나 당연하게 여긴다. 무언가를 잃어 봐야 그 소중함을 아는 법이다. 그걸 겪지 않아도 소중함을 알고 느낀다면 얼마나 좋을까?

형과 찰흙

나는 굉장히 게을렀고 생각 없이 살던 아이였다. 특히 국민학교 저학년 때는 대책이 없었다. 특히 1학년 때는 골 때렸다. 방학이 끝날 때까지 방학 숙제를 하나도 안 했다. 개학하는 날 아침에 숙제한답시고 공책을 부여잡고 있었다. 보다 못한 형이 빠르게 답을 채워줬다. 그냥 교과서를 베껴서 내는 과제였나 보다. 지각을 간신히 면할 시간에 학교에 도착해서 숙제를 냈다.

미술 시간과 음악 시간에는 준비물이 많았다. 특히 미술 시간이 그랬다. 수채화를 그리는 날이면 물감과 팔레트와 붓을 준비해야 했고, 조각하는 날에는 조각칼과 고무판을 가져가야 했다. 그런데 나는 그것도 겨우겨우 준비해 갔다. 이런 준비물은 학교 앞 점방에서 살 수 있어서 급한 대로 해결이 되었다.

문제는 찰흙이었다. 요즘은 문구점에서 찰흙을 팔지만, 그 당시에는 팔지 않았다. 동네의 아무 논이나 밭에 가면 찰흙이 있으니 굳이 비싼 돈 주고 살 필요가 없었다.

찰흙을 준비물로 가져가야 하는 날이었다. 나는 아침에 느닷없이 찰흙이 필요하다고 말했다. 전날 오후 내내 놀다가 아침에 이야기하니 형과 누나는 기겁했다. 그래도 착한 형은 찰흙이 있을 만한 논두렁에 가서 시커먼 찰흙을 찾아내 한 주먹 퍼주었다. 아무리 생각해봐도 형은 참 착했다. 대책 없는 동생 뒷바라지를 잘해주었다. 찰흙을 보면 나를 챙겨주던 형이 생각난다.

나이 든
조카
이야기

　　옆집에는 조카(항렬상) 가족이 살고 있었다. 문제는 그 조카가 나보다 서른 살이나 많았다는 것이다. 조카의 큰아들은 국민학교 2년 선배였다. 둘째 아들이 나의 절친이었던 형찬이다. 나이 차가 워낙 커서 서로 항렬을 무시하고 지낼 수도 있었지만, 내가 국민학교 고학년이 된 다음부터 조카는 나를 아저씨라고 불렀고 말도 놓지 않았다. 그게 좀 어색하고 불편하기도 했지만 나쁘지는 않았다.

　　조카는 정말 열심히 살았다. 돈이 되는 웬만한 일은 다 했던 것 같다. 자두나무를 심었고, 참외 농사도 지었다. 논밭의 자투리 공간에는 감나무를 심었다. 그리고 나중에는 인삼 농사까지 했다. 그런데 인삼 농사는 망했다. 인삼 농사는 망해도 망한 게 아닌 듯했다. 원금은 건졌다고 들었다.

지금 생각하면 제일 놀라웠던 사업(?)은 버드나무를 판 것이었다. 동네 여기저기에 버드나무가 있었다. 조카의 밭 가장자리에는 꽤 굵은 버드나무가 자랐다. 버드나무는 정말 빨리 자랐다. 그리고 국민학교 5학년 때 갑자기 전기톱을 들고 나타난 어떤 아저씨들이 그 나무를 다 베었다. 큰 몸통 부분만 가치가 있기에 그 외의 가지는 우리 차지였다. 며칠 뒤 우리는 남은 가지들을 적당한 길이로 잘라서 가져왔다. 비교적 굵은 가지 몇 개로 야구 방망이를 만들었다. 문방구에서 파는 것만큼은 아니었지만 제법 잘 깎아서 방망이를 만들었다. 가장 만들기 어려웠던 부분은 손잡이 아랫부분의 끝마디였다. 너무 깊이 파이지 않게 톱질하고, 도끼나 끌 등을 사용해서 부드럽게 다듬었다. 그 부분에서 실수해서 나무 몇 개를 버려야 했다.

지금 생각해보니 버드나무를 심어서 10여 년을 기다린 후, 팔 것을 계획하고 실행했던 조카가 정말 존경스럽다. 그렇게 성실하게 일했으니 삼 남매를 대구로 유학 보내고, 대학까지 졸업시키지 않았을까 싶다. 계획 없이 옛 고향 집에 들렀다가 운 좋게 그 조카를 만났다. 팔순의 나이에도 산기슭의 밭으로 경운기를 몰고 올라가고 있었다. 시력은 그다지 나쁘지 않았는지, 나를 한참 동안 쳐다보다 반갑게 인사를 해주었다. 그게 벌써 3년 전의 일이 되어버렸다.

경운기를
안 배운
이유

농촌에서 가장 중요한 농기구는 경운기였다. 지금도 크게 다르진 않을 것이다. 트랙터 등이 많이 보급되고 있지만, 경운기만큼 가성비가 좋은 농기구는 없을 듯하다.

하지만 난 경운기를 몰 줄 모른다. 아니, 아예 배우지를 않았다. 배우면 안 될 것 같았다. 경운기를 모는 순간, 나는 농사의 늪에 빠질 것이 분명했다. 그래서 맨날 뒤로 빠졌다. 그게 가능했던 것은 아버지와 형이 경운기를 몰 줄 알았기 때문이다. 한때는 우리집에 경운기 두 대가 있기도 했다. 아버지는 정속 운행을 하셔서 교통 체증을 일으키시곤 했으나 형은 과감했다. 같이 타고 가다 경운기에서 떨어질 뻔했던 적이 많아서 늘 어딘가를 꼭 붙들고 다녔다.

국민학교 5학년 무렵, 아버지와 형과 함께 선산 읍내에 경운기를 타고 갔다. 그런데 터미널 근처의 어느 센터 앞에서 사고가 났다. 형이 경운기에 시동을 걸다가 다친 것이다. 지금은 버튼을 눌러 시동을 걸지만, 옛날에는 아주 무거운 쇳덩이를 홈에 걸고 시계 방향으로 아주 아주 세게 돌려야 '탈탈탈' 하는 소리를 내며 시동이 걸렸다. 그런데 시동을 걸던 그 쇳덩이가 그만 형의 입술 아래를 강타했다. 물론 자기 주먹으로 자기 얼굴을 친 격이다. 입술 아래가 3~4센티미터 정도 찢겼다. 가까운 의원에 가서 꿰맸는데, 꿰매느냐 마느냐 하는 것 때문에 아버지랑 다퉜다.

그 참혹한 광경을 본 이후 경운기가 무서워졌다. 그래도 가끔 시동을 걸어야 할 때는 늘 고개를 뒤로 젖혔다. 경운기 사고는 생각보다 자주 일어났다. 한번은 중2 때였던 것 같은데, 인국이가 경사진 논으로 내려가다 그만 전복 사고가 일어났다. 인국이는 그때 상당한 중상을 입었다. 내가 경운기를 안 배운 이유는 농사일을 안 하려는 꼼수와 이런 트라우마 때문이었다. 가족에게는 미안한 일이었지만 후회하지는 않는다.

가족
사진

 나에겐 가족사진이 없다. 아버지가 살아 계실 때 가족사진을 찍은 적이 없기 때문이다. 우리는 그 흔한 사진 한 장을 찍을 여유가 없었다. 여유가 생겼을 때는 굳이 그런 걸 시간 내고, 돈을 들여 찍을 필요가 있을까 싶었다. 그런데 시간은 빠르게 흘러갔고 아버지는 깊은 잠에 드셨다.

 굳이 가족사진이라고 내세울 사진이 딱 한 장 있다. 내가 국민학교 1학년 때 찍은 사진이다. 2학년이었던 누나의 담임 선생님이 가정 방문을 오셔서 찍어주셨다. 내 기억 속의 선생님은 아담했고 예쁘셨다. 딱 신여성의 전형적인 모습이었다. 누나의 담임 선생님은 그 당시 귀했던 카메라를 들고 다니면서 사진을 찍는 게 취미였다. 그런데 그날 우리집에 카메라를 갖고 오신 것이다. 집에 있던 사 남매와 어머니가 함께 사진을 찍었다. 그것도 우리집이 아닌 옆집, 형찬이네서 찍었다. 아마도 거기가 배경이 좋았나 보다. 그 사진이 유일한 가족사진이 되어버렸다.

그 사진 속 나는 짧은 스포츠머리에 고무신을 신고 있다. 정말 6.25 직후의 가족사진이라고 해도 믿을 만한 비주얼이다. 그 사진을 보면 '아! 내가 저랬던 시절이 있었지' 하는 새삼스러운 감정이 올라온다.

밖에는 비가 추적추적 내리고 있다. 혼자 쓰기엔 넓은 사무실에 앉아 클래식 방송을 들으며, 이런저런 상념에 젖는다. 아무리 생각해도 내 삶은 미스터리다. 기적의 연속이며, 놀라운 반전이 곳곳에 있었다. 기쁘면서도 슬프고, 쓸쓸하면서 빛나기도 했다. 아직 이런 말을 하기는 이르지만, 성경의 인물 야곱이 이집트 파라오 앞에서 한 고백을 나도 해보려 한다.

"험악한 세월을 보내었노라."

김용일 〈명숙이네집〉, 90×40cm, 캔버스 위에 아크릴, 2021

05   생활

결국 그 애의 이름은 찾지 못했고, 어디서도 만나지 못했다.
지금 어떻게 살고 있을지, 옛 모습은 남아 있을지 궁금하다.
첫사랑 그 소녀는 어디에서 나처럼 늙어갈까.

환경 정리

　환경 정리라는 게 있었다. 이름 참 이상하지 않은가. 환경 정리라는 말이 어색해서, 내가 잘못 기억하고 있나 싶었지만 환경 정리가 맞았다.
　교실 앞에는 큰 칠판과 교탁이 있었다. 대체로 칠판 앞에는 높이 20센티미터 안팎의 나무로 짜여진 틀이 있었다. 그리고 칠판 왼편에는 담임선생님의 탁자가 놓여 있었다. 교실 뒤에는 큰 게시판이 있었다. 그 공간을 채우는 게 환경 정리였다. 공간이 워낙 넓어서 무엇으로 채워야 하나 고민하곤 했다.
　대체로 그림이나 사진 그리고 글들로 채웠다. 공지사항이 붙기도 했다. 좀 더 깔끔하고 예쁘게 꾸며야 했다. 왜냐하면 환경 정리 심사까지 했다. 다른 반 또는 학년보다 잘하기 위해서 열심히 꾸몄다.

6학년 때는 내가 반장이었고 부반장이 용수였다. 아무래도 반장, 부반장이 환경 정리를 책임지고 해야 했다. 그런데 문제는 용수가 안 하겠다고 버텼다는 것. 방과후 다들 집으로 가고 나랑 용수 둘이 남았는데 재빠른 용수를 잡으러 다니느라 한두 시간을 허비했다. 어찌나 빠르던지, 약은 약대로 올랐고 시간은 시간대로 흘러갔다. 그날은 그냥 공쳤다.

오줌

　　　난 모든 게 늦된 아이였다. 밤에 지도를 꽤 늦게까지 그렸다. 내 기억으로는 3학년까지는 확실히 작품 활동을 했다. 세 살 아래 동생은 이미 끝났는데도 나는 여전히 그랬다.

　어머니는 '키'를 머리에 씌우고 바가지를 손에 쥐여주셨다. 키는 곡물에 섞인 먼지나 쭉정이를 까부를 때 쓰는, 어른 몸뚱이만 한 것. 옆집이나 앞집은 친구나 1년 선배가 있어서 쪽팔려서 도저히 못 가겠고, 결국 모든 자녀를 졸업시키고 두 분만 사시는 뒷집으로 향했다. 뒷집은 '산골댁'이라고 불렀는데, 이는 산골이 친정이라는 이야기다. 산골댁 아주머니가 소금을 듬뿍 담아줬다.

　지금은 세탁기가 있으니 달라졌지만 옛날에는 빨래가 가사노동의 상당 부분을 차지했다. 그 빨래 중 가장 고역인 것이 이

불 빨래다. 맞벌이하느라 고생하셨던 어머니께 너무 큰 불효를 늦게까지 한 것 같다.

이제는 말할 수 있다

국민학교 3학년 때의 일이다. 그 당시 성적마다 다른 색깔의 딱지를 학생들 가슴에 달아주었다. 90점 이상이면 빨간 딱지, 80점 이상은 노란 딱지, 그리고 70점 이상이면 녹색 딱지를 달아줬다. 난 그게 너무 너무 부러웠다. 딱지는 마치 신분을 나타내는 상징과도 같았는데, 지금 같은 시대에서는 난리 날 처사였다. 그때 기억이 얼마나 강력한지 당시 영순이가 녹색 딱지를 가슴에 달고선 활짝 웃던 그 장면이 아직도 기억난다.

 난 그때까지 60점대에 머물러 있었다. 딱지를 달기 위해 공부를 할 생각은 안 하고 꼼수를 썼다. 시험일 풍경은 이랬다. 한 줄은 책상에 앉아서 보고 그 옆줄은 의자를 책상 삼아 바닥에서 시험을 봤다. 난 책상에 앉았고 내 양 옆줄에는 다행히 공부를 잘했던, 아마도 그 당시 남자 1등, 전체 2등을 했던 종훈이와 반에서 5등쯤 했던 순영이가 앉았다. 확실히 기억나는 것은 수학 시험 때는 순영이 답을 베꼈고, 다른 과목은 종훈이의 답안지를 베꼈다.

 나의 빗나간 욕심, 열정의 대가는 나쁘지 않았다. 고대하던 70점을 넘긴 것이다. 그런데 문제가 생겼다. 딱지 제도가 그때 딱 끝나버린 것이다. 난 결국 영원히 딱지를 달지 못했다. 참 아쉬운(?) 일이다.

때 검사의 추억

 몇 학년까지 그랬는지는 모르지만 한때 때 검사를 했다. 문제의 부위는 손과 목이었다. 손은 꼬질꼬질했다. 특히 겨울에는 심했다. 부르트기도 했고 쩍쩍 갈라져 피가 나기도 했다. 겨울이면 목 부위도 잘 씻지 않았다. 머리는 감아도 목까지 신경 써서 씻지 않으니 당연히 때가 꼈다. 요즘 같은 시기에는 상상도 하기 힘든 시절, 때 검사가 있었다.

 얼마 전, 신문을 보다가 깜짝 놀랐다. *세신사의 이야기였다. 세신사가 요즘 인기 직종이란다. 목욕관리학원까지 있단다. 초보도 월 250만원은 번다고 한다. 잘하면 월 500만원 이상도 번다고 하니 대졸자도 지원한다고 한다. 세신사의 명장 격인 김 모 씨가 많이 벌 때는 연 3억원을 벌었다고.

 목욕탕 수는 많이 줄었지만 세신사 수는 늘고 있다. 수요가 많다고 한다. 매주 가족끼리 찾아와 때를 미는 사람들은 확 줄었지만 두세 달에 한 번씩 세신사에게 때미는 사람은 늘었단다. 특히 연초는 대박 시즌이라고. 연초에 한번 용기 내어 때밀러 가볼까 싶다.

*세신사: 목욕탕에서 사람의 때를 밀어주는 일을 직업으로 하는 사람.

이상한
가정 조사의
추억

　　　　지금 생각하면 말도 안 되는 조사가 있었다. 각 집에 있는 물건 목록을 알려줘야 했던 것. 일단 담임 선생님이 "집에 전화기 있는 사람 손들어봐" 하고 물으면, 있는 애들은 손을 번쩍 들었다. 그리고 "텔레비전 있는 사람?" 물으면, 나는 손을 들었고, 손을 들 때 약간의 뻐김도 들어갔다. 반대로 없는 물건이 나오면 좀 위축이 되기도 했던 것 같다.

　그 밖에 냉장고, 선풍기, 라디오 등등 고가의 가전제품들을 주로 물었다. 그리고 호구 조사도 했다. 제일 기억에 남는 건 아버지, 어머니의 학력 조사였다. 영화처럼 '너그 아부지 머하시노?' 이런 느낌이 정말 있었다. 당시 대학원 졸업자는 없었던 것 같다. 대학 나온 아버지는 좀 있었다. 그래도 손가락에 꼽을 정도. 고등학교 나온 부모님도 굉장히 드물었다. 태반이

국졸이었다. 하긴 우리 부모님 모두 국졸이었으니.

  그때는 이런 말도 안 되는 조사를 해댔다. 인권도, 배려도 기대할 수 없었다. 참 없던 시절, 개발도상국이어서 그랬을까?

전화기의
추억

전화기는 굉장한 사치품이었다. 국민학교 3, 4학년 때까지 집에 전화기 있는 집이 많지 않았다. 우리 동네는 그랬다. 그러다가 고학년 때 전화기를 하나둘 장만하기 시작했다. 우리집에는 없었다. 친구 집에 가서 다른 집으로 전화를 하곤 했다.

생각해보면 정말 신기했다. 어떻게 전선을 따라 사람 목소리가 그 먼 곳으로 전달되는지 진짜 신기했다. 사실 지금도 신기하다. 라디오는 또 어떤가? 서울의 여의도 또는 목동, 상암동의 한 라디오 부스에서 마이크에 대고 하는 말과 노래가 어떻게 전국 방방곡곡으로 전달되는지 난 도무지 이해할 수가 없다.

중학교 때 전화기를 샀던 것 같다. 그것도 구식인 다이얼식이었다. 1이나 2를 돌릴 때면 거의 반 바퀴를 돌려야 했기에 많이 기다려야 했다. 전화번호 입력하는 데만 1분이 넘게 걸렸다. 성질 급한 사람은 괴로웠을 거다.

  당시 전화 요금이 워낙 비싸서 부모들은 전화기에다 열쇠를 걸어두기도 했다. 열쇠로 잠가 번호를 돌릴 수가 없게 한 것이다. 굳이 열쇠로 걸지 않아도 사실 나는 통화할 일이 거의 없었다. 그러다 어느 날부터 전화기가 제법 쓸모 있어졌다. 고1 때 담임 선생님이 거의 한 달에 한 번 이상 전화를 주셨다. 참 고마운 기억으로 남는다.

첫사랑
그 소녀

최백호 씨의 노래 <낭만의 대하여>에는 '첫사랑 그 소녀는 어디에서 나처럼 늙어갈까'라는 구절이있다. 짠하면서도 지극히 낭만적인 가사 같다. 작사도 작곡도 가수 최백호 씨가 했는데, 이 곡을 만들게 된 계기가 흥미롭다. 어느 날 저녁 설거지를 하는 아내의 뒷모습을 보면서 첫사랑 그 소녀가 뭘 하고 있을까 궁금해져서 노래로 만들었다고 한다. 첫사랑 그 소녀는 다름 아닌 광안리 약사님이었다. (그의 아내가 안다면 열불이 날 수도.)

사랑까지는 아니지만 큰 호감을 느꼈던 소녀가 있었다. 그 아이는 충남 금산에서 온 인삼 대농의 딸이었다. 소녀의 이름은 김은주였다. 처음에 은주네는 길 건너 포상동에 자리 잡았다. 은주는 어머니를 닮아서 키가 컸고, 피부는 아빠를 닮아

까무잡잡한 편이었다. 계란형 얼굴에, 지적인 면모가 있는 아이였다. 등굣길에 은주를 자주 마주쳤다. 나는 뚜벅이였고 은주는 자전거를 타고 다녔다. 꽤 세련된 자전거였다. 자전거를 타는 모습이 아직도 눈에 선하다. 은주는 허리를 꼿꼿이 편 정자세로 자전거를 탔다. 내 옆을 스쳐 지나갈 때 나를 훔쳐보는 것 같은 착각도 했다. 물론 은주는 나를 전혀 의식하지 않았을 테지만. 왠지 곁눈질로 나를 보는 듯했고 나를 의식하는 듯 보였다.

내가 꾀죄죄하고 볼품없는 외모였지만 어쨌거나 반장도 했고 회장도 했기 때문이다. 그리고 6학년 때는 은주와 같은 동화부에 속해 있었다. 수요일에는 특활 활동 시간이 있어서 학년 구분 없이 하고 싶은 부 활동을 했다. 그때 나는 귀찮지 않을 것 같아서 동화부에 갔는데, 은주는 독서를 좋아해서 온 것 같았다.

은주는 서울의 여중으로 진학했다. 은주 아버지의 자랑에 따르면 전교 1등을 했단다. 그리고 시골집에 와 있을 때면 집에 찾아온 손님에게 목인사가 아닌 큰절을 하는 예의 바른 아이라고 소문이 자자했다.

내가 고1 때, 봉곡 정육점 정거장에서 내려서 집으로 올라가는 은주를 봤을 때 숨고 싶었던 적이 있다. 후줄근한 옷차림으로 논으로 일하러 가고 있었기 때문이다. 그게 내가 본 은주의 마지막 모습이었다. 몇 해 후 포상, 봉곡, 저 멀리 태봉까지 인삼 농사를 끝낸 후 은주네 집은 다시 금산으로 돌아갔다. 우리 동네 일대의 밭을 다 활용한 후 고향인 금산으로 복귀한 것이다.

시간이 흘러 대학교에 입학하고 나서 '왠지 은주를 볼 수 있지 않을까' 하는 막연한 기대를 했었다. 교정을 오가면서 혹시나 마주치지 않을까 싶었다. 2학년 때는 교무처에 비치된 동문록을 뒤져보기도 했다. 결국 그 애의 이름은 찾지 못했고, 어디서도 만나지 못했다. 혹시 봤더라도 알아보지 못했을 것이다. 지금 어떻게 살고 있을지, 옛 모습은 남아 있을지 궁금하다.

"첫사랑 그 소녀는 어디에서 나처럼 늙어갈까."

교실
바닥

　　국민학교 때 우리 교실은 지금과 달리 나무 바닥이었다. 보르네오섬에서 베어온 나왕 나무를 널빤지 모양으로 잘라서 바닥을 만들었던 것 같다. 나무 사이마다 작은 틈이 있었는데, 그 틈으로 동전이 빠지기도 했다. 바닥의 어느 부분에는 뚜껑이 있었다. 그 뚜껑을 열면 바닥 아래의 공간이 나왔다. 그곳은 우리가 들어가서 기어다닐 수 있을 만큼 꽤 컸다. 하루는 덕촌의 용석이가 그 바닥 아래로 뭔가를 주우러 들어갔다. 동전 두어 개를 찾았는데, 먼지를 잔뜩 뒤집어쓰고 나왔던 게 기억난다.

　　나무 바닥은 한 달에 한 번 꼴로 초 칠을 해야 했다. 초 칠을 하면 바닥이 반들반들해져서 깨끗해 보이는 장점이 있었지만, 아주 미끄러워졌다. 그래서 초 칠을 한 뒤면 친구들과 신나게 장난을 쳤다. 세게 달리다가 바닥을 타고 쭉 미끄러지는 장난이었다. 그러다가 가끔 사고가 터졌다. 나무 젓가락에 손이 찔리듯, 바닥의 나무 가시가 발바닥에 박혔다. 으, 생각만 해도 발바닥이 욱신거린다. 발에 가시도 박히고 피도 봐야 했던 그 시절의 교실 바닥이 가끔 생각난다.

묘사
이야기

　　　　지난 주 금요일 형에게서 문자가 왔다. 다음 주 토요일이 집안의 묘사인데 혹시 내려올 수 있겠냐고 물었다. 그런데 그날은 강의가 잡혀 내려가지 못할 상황이었다.

　어릴 때 난 묘사가 좋았다. 묘사는 2월, 5월, 8월, 11월에 가묘에 지내는 제사로, 음력 추석, 설 버금가는 집안의 큰 행사였다. 전국에 흩어져 사는 친척들이 모였다. 거의 40~50명 정도는 참여하는 행사였다. 묘사를 치르려면 돈이 필요했기에, 묘사를 맡는 집에 문중의 공동 재산인 논 두세 마지기의 경작권을 줬다. 그 논에서 생산한 쌀을 팔면, 제사 비용을 충당하고도 남았다. 어느 순간 그게 우리집으로 넘어와 있었다.

　11월 무렵이었던 거 같다. 아직 춥지는 않은 늦가을. 가야 할 묘들이 여기저기 흩어져 있었다. 건장한, 비교적 젊은 사람들이 지게를 졌다. 등산도 이런 등산이 따로 없다. 왜냐하면 길이 없어져서 헤매이며 낫으로 길을 만들면서 가야 했다.

 1980년대 중반, 산들은 울창했다. 연탄 등 보일러가 보급되면서 나무하는 사람들이 확 줄어서 산에는 나무들이 우거져 있었다. 1년 새 길이 사라지기도 했다. 또 어떤 묘는 일부러 숨기려는 의도로 아주 희한한 곳에 만들기도 했다. 그 묫자리는 우리집안 사람들 말고는 절대 모를 거 같았다.

 중학교 이후로는 묘사에 가지 않았지만 그 당시 친척들의 참여는 눈에 띄게 줄고 있었다. 아마 지금은 지게 질 사람을 찾기도 힘들 것이다. 결국 그 묘들은 잊힐 것이고, 작은 언덕이 될 것이고, 그 위에 나무가 자랄 것이다. 실제로 뒷산에 가보면 조금 볼록한 작은 언덕이 몇몇 보이는데 틀림없이 묫자리였을 것이다.

 푸르렀던 나뭇잎은 붉게, 노랗게 물든 후 떨어지고, 낙엽은 흙이 되고, 흙속에서 새로운 싹, 생명이 나는게 자연의 이치인데 잊힌 묘에서는 무엇이 자라고 있을까? 사라진 산길은 다시는 복원되지 않고 산짐승의 차지가 되겠지.

새마을
노래

새벽 종이 울렸네 새아침이 밝았네
너도 나도 일어나 새마을을 가꾸세
살기 좋은 내 마을 우리 힘으로 만드세

초가집도 없애고 마을 길도 넓히고
푸른 동산 만들어 알뜰살뜰 다듬세
살기 좋은 내 마을 우리 힘으로 만드세

- 〈새마을노래〉

이 노래가 수시로 흘러나오던 시절이 있었다. 그리고 1970년대 말에는 정말 가요처럼 많이들 이 노래를 흥얼거렸다. 마을의 초가집들이 하나둘 슬레이트 지붕으로 바뀌었다. 지붕은 주로 파랑 또는 주황으로 칠해졌다.

마을 밖 신작로는 차 두 대가 지나갈 수 있을 만큼 넓혀졌다. 물론 차는 아주 드문드문 다녔다. 국민학교 5학년 무렵 그 신작로가 아스팔트로 덮였을 때, 신세계가 열린 듯했다. 일단 차가 지날 때마다 모래 폭풍을 연상케 했던 먼지 구름을 피할 수 있었다. 그리고 매끈하게 깔린 아스팔트를 자전거로 질주했다. 그것도 핸들에서 두 손을 놓은 채. 신작로 아스팔트는 가을 추수철에 볏가리를 말리는 자연 건조대 역할까지 했다. 신작로에서 마을로 이어지는 길도 넓었다. 길 옆 도랑은 시멘트로 정리했다. 대청소도 했고 마을 잔치도 곧잘 열렸다. 활기가 넘쳤다.

*도열병에 강했던 *'통일벼'의 열기가 식었다. 사실 수확량이 많고, 병충해와 비바람에 강했던 통일벼는 밥맛이 형편없었다. 다행히도 어느새 통일벼는 사라져갔고 일반미로 다 바뀌었다. 동네 뒷산은 하루가 다르게 푸르게 푸르게 변했다. 당시 '유한킴벌리'는 '우리 강산 푸르게 푸르게' 캠페인을 벌였고, 실제로 산들은 열대우림을 연상케 할 만큼 푸르렀다.

새마을 노래는 박정희 대통령의 고향인 우리 고장에서 더욱 많이 불렸던 거 같다. 중학교 1학년, 당연히 새마을 노래를 불렀다. 하루는 수업 시간에 광희가 혼자 부르게 되었다. 광희는 덩치는 컸지만 마음은 많이 여린 아이였다. 그래서 노래를 겨우겨우 불러냈다. 그런데 마지막 가사에서 문제가 생겼다. 우리 '힘'으로 만드세로 끝나야 하는데, 우리 '집'으로 만드세로 불렀다. 교실은 한 바탕 웃음바다가 되었다. 광희는 펑펑 울었고. 요즘 새마을식당을 보면 <새마을 노래>가 떠오른다. 그리고 광희 얼굴도 떠오른다.

*도열병: 포아풀과 식물, 특히 벼 품종에 많이 생기는 병의 하나. 저온 다습한 해에 많이 발생한다.
*통일벼: 벼 품종의 하나. 1965년부터 1971년까지 여러 차례 실험 재배를 통하여 농촌 진흥청에서 개발한 품종으로, 단위당 수확량이 많다.

겨울이
싫었던 이유,
톱질

어릴 때는 불을 많이 땠다. 좀 있는 집은 연탄 보일러나 기름 보일러를 사용했지만 우리는 아주 한참 뒤에나 보일러를 설치했고 연탄도 아껴 쓰곤 했다. 연탄 보일러를 설치한 후에도 나무를 해서 군불을 땔 때도 많았다. 특히 소를 키운다면 쇠죽을 끓여야 했다. 이때는 군불 아니고선 답이 나오지 않았다.

아무튼 국민학교 고학년 때와 중학교 내내 겨울의 중요한 일과 중 하나는 나무를 베는 거였다. 그래도 다행인 것은 동네 사람들과 경쟁하지 않아도 되었다는 것. 동네 어르신 시절 이야기를 들어보면 나무를 하러 산 넘고 산 넘어 점심까지 싸 들고 나무 원정을 가야 했다고 했다. 일단 산에 나무가 별로 없었고 산속 깊이 들어가야만 땔감 나무가 있었다고. 그때는 민둥산에 가까웠다고 한다. 지금은 밀림 수준이지만.

 다행히도 내가 나무하러 다닐 시절에는 가까운 산에서 얼마든지 나무를 할 수 있었고, 뒷산 자체가 우리 문중의 산이기도 했다. 그래도 나무의 굵기와 나무들 사이의 밀도(촘촘함) 등을 따져가며 적당히 나무를 베어야 했는데, 문제는 톱질이었다. 특히 참나무는 땔감으로는 좋은 나무였으나 목질이 단단하여 정말 피하고 싶었다. 비교적 톱질이 수월했던 소나무와 오리나무 위주로 나무를 벴다. 아카시아 나무는 가시 때문에 피하곤 했다.

 지게에 적당한 양의 나무를 얹고, 가지만 쳐낸 긴 나무는 그대로 끌고 내려왔다. 그런데 가끔은 가지가 나무에 걸리는 바람에 넘어지는 불상사도 있었다. 모두가 추웠던 시절, 없던 시절의 이야기다. 사실 내 또래보다 10여 년 나이 많은 분들이 공감할 이야기. 내가 살던 동네에서는 그랬다.

틀면
나오는
온수는
기적이다

　　　난 요즘 일상 그 자체로도 충분히 기적이라는 생각이 절로 든다. 심장이 뛰는 것도, 들숨과 날숨을 쉬는 코와 기도와 폐의 환상적인 조화 등은 정말 신기하다. 그리고 화장실의 수도꼭지를 틀기만 해도 온수가 나온다는 사실이 새삼 감사하고 작지 않은 기적이라고 생각한다.

　초중고 시절 겨우내 따뜻한 물은 귀했다. 이건 대부분 마찬가지였을 것이다. 따뜻한 물은 가마솥에 불을 때야만 얻을 수 있었다. 고작 물 때문에 불을 때야만 하다니 참 서글펐다. 물론 적은 양의 물은 *곤로 불로 데울 수 있었다. 그러나 웬만하면 찬물로 씻고 말았다. 찬물에 닿은 손은 한참 차가운 채로 남았다.

　연탄보일러를 들였던 집은 사정이 좋았다. 온수 통이 따로 있어서 늘 온수를 쓸 수 있었기 때문이다. 고등학교 2학년 2학기 때 노상동 읍교회(교회 이름이 읍교회였다. 당시 선산읍 4동에는 네 개의 교회만이 있었다) 옆의 자취방에는 연탄보일러가 있어서 온수 때문에 큰 스트레스를 받지는 않았다.

대신 연탄을 가는 게 스트레스였다. 연탄을 가는 시간을 잘 잡아야 했고, 연탄 구멍을 맞추기가 힘들었다. 빨리 갈아야 한다는 시간 압박(연탄가스를 덜 마시려고)에 조바심이 났고 그 때문에 더 맞추기가 어려웠다. 한번에 딱 하고 맞추면 어찌나 기분이 좋던지. 가끔은 연탄불을 꺼트리기도 했다. 그러면 비상약처럼 사둔 번개탄을 피워야 했다. 번개탄은 불이 잘 붙기도 했지만 연기가 심하게 났다.

지금은 전기보일러나 가스보일러를 쓰니 그런 수고로움이 없다. 따뜻한 집안 공기와 언제든 나오는 온수는 기적 중의 기적 같다. 왜인지 달나라 뒤편에 우주선이 도착했다는 그것보다도 더 큰 기적으로 느껴지는 요즘이다.

*곤로: 화로의 하나. 석유나 전기 따위를 이용하는 취사용 도구.

1987년
깨진
유리창의
추억

난 겨울이 싫었다. 정말 싫었다. 차라리 푹푹 찌는 여름이 두 번 오는 게 낫다고 생각했다. 겨울의 그 한기가 서럽고 견디기 힘들었다. 어릴 적 시골 집의 풍경이 다 그러하듯 집 안에 따로 화장실이 없었다. 그래서 영하 10도의 강추위 속에서도 바깥 우물가, 수돗가에서 세수하고 머리를 감아야 했다. 양치나 세수야 금방 할 수 있다지만, 목을 씻는 것은 참 불편하고 귀찮았다.

학교로 향하는 발걸음은 더욱 무거웠다. 귀마개, 마스크, 장갑 등 전신갑주를 입은 듯이 잘 무장해도 차가운 겨울 바람은 막을 도리가 없었다. 자전거를 타고 달리다 보니 더더욱 그랬다. 4킬로미터가 넘는 등굣길 내내 추위에 떨어야 했다. 교실에 도착해서 장갑을 벗으면 손이 벌겋게 부어 있곤 했다. 가벼

운 동상에 걸린 것이다. 샤프를 제대로 쥐기도 힘든 상태라 손이 녹기 전까지는 영어 단어를 쓰거나 수학 문제를 풀지도 못했다. 오전 이른 시간에는 그냥 눈으로만 책을 보며 공부할 수밖에 없었다.

1교시가 시작될 때쯤 우리는 교내 방송에 귀를 기울였다. 그날 난로를 때는지 여부가 방송으로 발표되기 때문이다. 그런데 조개탄이나 땔감이 워낙 부족하다 보니 일주일에 하루 정도만 난방을 하기 일쑤였다. 난방을 한다 하더라도 아침 잠깐이면 끝이었다. 할당된 조개탄이 워낙 적었기 때문에 친구들은 걸상의 갈빗대를 하나씩 뜯어내 땔감으로 썼다. 겨울이 끝나갈 무렵에는 성한 의자가 거의 없다시피 했다.

가장 큰 문제는 유리창이었다. 지금은 잘 볼 수 없는 여닫이 창문이었는데, 제대로 닫아도 바람이 쌩쌩 들어왔다. 당연히 이중창은 꿈도 못 꿨다. 게다가 가운데 유리창 서너 장은 꼭 깨져 있었다. 그러다 보니 60명의 친구들이 모여 있는 교실도 늘 썰렁하다 못해 온몸이 덜덜 떨릴 정도로 추웠다. 오전 내내 장갑을 벗을 수 없을 정도로 추웠고, 발은 늘 동상에 시달렸다. 그때 내가 간절히 원한 것은 잘 가르치는 선생님도 아니었고, 수업 50분 내내 오일장 못지않게 시끄러운 친구들의 침묵도 아니었다. 그냥 저 유리창 하나 갈아주었으면 하는 거였다.

지금도 내 손은 동상의 흔적이 많이 남아 있다. 가끔씩 손이

가렵기도 하다. 깨진 유리창 교실의 후유증이다. 최근 모교의 사이트에 들어갔다가 많이 놀랐다. 멋진 새 건물이 세워졌다. 그리고 체육관(체육관이 없을 때는 일주일마다 그 넓고 넓은 운동장에서 추위에 벌벌 떨며 교장 선생님의 길고 긴 훈화를 들어야 했던 것도 엄청난 고통이었다)과 기숙사도 생겼다. 세상이 참 많이 변했구나, 좋아졌구나 싶다. 후배들은 선배들의 악몽을 알 길이 없겠지!

유치원의
추억

"버스와 택시 중 네 사람이 타고
소풍 가기에 알맞은 것은?"
(정답: 택시)

"사이다를 차게 해서 먹으려면 어디에
두어야 할까?"
(정답: 냉장고)

1965년, 서울의 일부 유치원 어린이들은 이런 식의 문제를 풀며 '입시 공부'를 해야 했다. 당시 대학 부설 국민학교와 사립 국민학교 등 특수 국민학교의 인기가 뜨거웠다. 자녀를 이런 학교에 보내고 싶은 부모들은 유치원부터 보내 국민학교 입시 준비를 시켰다. 유치원에서는 입시에 나왔던 문제들을 참고해 가며 녹음기 모양은 어떤 것인지, 피아노는 무엇에 쓰는 물건인지 등을 가르쳤다.

1970년대까지도 유치원이란 일종의 '귀족 학교'였다. 그렇다고 내 주변에 유치원을 다니는 친구들이 없지는 않았다. 국민학교 입학생 중에 대여섯 명 정도가 유치원 출신이었던 것 같다. 도회지나 다름없는 선산읍 4동 친구들은 제법 다녔을지도.

분명히 기억나는 친구는 조재윤이다. 재윤이는 유치원을 다녔다. 내 기억으로는 교회에 다녔던 거 같은데 아마도 교회 부설 유치원에 다니지 않았나 싶다.

유치원 출신들은 확실히 달랐던 거 같다. 일종의 예비 학습을 마치고 들어온 셈이니. 난 한글과 숫자를 전혀 모르는 백지 상태에서 학교에 입학했다. 심지어 내 이름도 쓸 줄 몰랐다. 물론 나같은 친구들이 없지는 않았을 것이다.

지난주까지 유치원 대란이었다. 요즘은 유치원 보내는 게 쉽지 않나 보다. 지금 우리나라를 찬찬히 뜯어보면 온통 지옥이다. 입학 지옥, 입시 지옥, 취업 대란, 3포 세대, 자영업 몰락. 나이 불문이다. 나이 든 사람도 끼니 걱정, 노후 걱정 이루 말할 수 없다. 참 살기 어려운 시대다. 그래도 어쩌겠나. 열심히 살아야지.

못질의
추억

　요즘 못질을 하기 무섭다. 전에 아파트 벽면에 못을 박다가 식겁했다. 콘크리트가 어찌나 단단한지 못이 들어가지를 못했다. 못이 구부러지기도 했고, 심지어 못이 압력을 이기지 못해 튀어버렸다. 자칫하면 얼굴에 튈 뻔해서 그 이후로는 못질을 하지 못했다. 못질을 해야 할 일이 생기면 가전기사나 공사하러 오는 분께 박아달라고 부탁하곤 했다. 다행히, 요즘은 못질 할 일이 많지는 않다.

　어릴 때는 못질을 많이 했다. 특히 *시게또를 만들 때 많이 했다. 나무에도 못질을 많이 하곤 했고 가끔 벽에 못질을 할 때도 있었다. 대충 지은 집이라 못이 잘 박혔다. 벽에 박힌 못에는 메주가 달리기도 했고 옷이 걸리기도 했다.

　어릴 적 내 눈에 목수는 정말 *맥가이버 같았다. 톱과 망치만 있으면 뭐든 뚝딱 만들어냈기 때문이다. 목수는 늘 오른쪽 귀 위에 연필을 꽂고 다녔다. 그게 참 멋있었다. 나이가 들고 보니 목수란 직업은 참 할 일이 많다. 농촌에 살거나 단독 주택에 살면 정말 목수 일이 얼마나 도움이 되는지 실감케 된다.

못은 100퍼센트 철로 만들지 않는다고 한다. 탄소를 약간 섞는다고. 그것도 딱 3프로만. 탄소를 더 넣으면 더 강해지긴 할 테지만 '똑' 부러진다고 한다. 강도와 연성이 3퍼센트일 때 최상의 못이 나오는 것이다

강도와 연성의 적절한 배합이 중요하다는 사실을 새삼 떠올리며 나 또한 강하면서도 부드러운 사람, 그런 사람이 되고 싶다고 생각한다. 앞으로 삶의 어느 한순간이라도 그런 때가 왔으면 좋겠다.

---

*시게또: '썰매'의 경북 방언.
*맥가이버: 미국 ABC 방송국에서 1985년9월 29일부터 1992년5월 21일까지 방영한 드라마의 주인공.

고등학교에
관한 단상

공립 1호 고등학교는 경기고등보통학교다. 처음이라 *교기에 흰 줄이 하나였다고 한다. 2호가 평양고등보통학교인데 1909년에 세워진 학교란다(6.25 때 폐교했다고 한다). 그래서 교기에 흰 줄이 두 개였다. 그리고 3호가 경복고다. 경복고는 서울에 두 번째로 생긴 고등학교다. 1970년대에 경기고가 1등이었고 경복고가 2등이었다는데, 설립 연도 순서대로 학교의 서열(?)이 정해진 걸까.

아무튼 비운의 평양고 졸업생들은 상당수 월남했다고 한다. 대략 절반 정도가 그곳에 남았고 나머지는 남으로 향했다고 했다. 대부분 개신교 신자였고, 둘 중 하나의 비율로 의사가 되었단다. 그 이유는 미국 선교사들 상당수가 의사였기 때문이고, 당시 먹고살려면 의사나 교사가 되는 게 최선이었기 때문이다.

평양고 출신들이 동문회를 열었다고 한다. 마지막 입학생이 1950년이었으니, 이제 동문들이 거의 세상을 떠났을 거다. 여러 아쉬움을 담아 제2의 평양고라고 만든 게 서울고란다. 평양고 출신들은 대거 서울고 교사로 취직했고 자녀들은 웬만하면 서울고에 보냈다고 한다.

남의 고등학교 이야기일 뿐인데 괜히 관심이 간다. 부럽다는 생각도 든다. 여러 면에서 환경이 좋은 시내 학교를 가지 못해 속상했던 마음이 여전히 남아 있나 보다.

시골 고등학교에 다닐 때는 좋은 선생님, 뛰어난 선생님이 부족하다는 아쉬움보다는 깨진 유리창이나 좀 갈아줬으면 하는 바람이 컸다. 매서운 겨울 바람이 휑한 운동장을 타고 그대로 내 손과 발에 닿았다. 동상에 걸릴 정도였다. 반대로 무더운 여름날이면 선풍기라도 두어 대 있으면 얼마나 좋을까 싶었다. 물론 지나고 나면 과거의 일들이 다 추억이 되고 미화되긴 한다. 시간의 마법인 듯하다.

*교기: 학교를 상징하는 깃발

방학
숙제 1

최근에 방학이 시작되었다는 뉴스를 봤다. 방학이라는 단어 자체가 주는 기쁨은 실로 컸다. 그래서 방학하는 날 대부분의 친구들은 만세를 불렀다. 내 생각에는 한 명도 예외 없이 방학을 반겼다. 한 달, 길게는 두 달의 방학 동안 보고 싶은 친구와 선생님을 못 본다는 생각이 없지는 않았을 것이다. 하지만 수업도 안 듣고 늦잠 잘 수 있는 방학은 우리에게 해방구나 다름없었다.

그런데 방학에 딱 하나의 문제가 있었다. 바로 방학숙제다. 지금 생각해보면 숙제의 양이 그다지 많지는 않았다. 그러나 학생들은 대부분 게으르기 때문에 숙제를 개학 직전에 몰아서 했으니 많다고 느꼈으리라.

'탐구생활'이 숙제 중 가장 큰 비중을 차지했다. 다음으로 일기 쓰기가 스트레스였다. 일기에서의 하이라이트는 날씨였다. 그래서 친구들과 함께 밀린 일기를 쓰며 어느 날 비가 왔나 안 왔나를 체크했다. 요즘 같은 인터넷, 모바일 시대에서는 아무것도 아닌 일들이 그때는 어려웠다.

뒤에서 더 자세히 말하겠지만, 가끔 황당한 숙제도 있었다. 서울 등 도시의 학생들에게는 없었을 듯한 숙제들. 가령 '파리 잡아오기'가 있었다. 파리를 작은 성냥갑에 가득 채워오는 숙제였다. 작은 성냥갑에 파리가 진짜 많이 들어갔다. 그래서 파리채를 들고서 열심히 잡았다. 획기적인 무기가 있기는 했다. 바로 파리끈끈이. 이걸 이용하면 백 마리의 파리는 어렵지 않게 채집했다. 문제는 끈끈이의 끈적함이 좀 짜증났다.

다음으로 황당했던 건 '잔디 씨앗 모으기'다. 하얀 편지봉투에 가득 모아와야 했다. 봉투가 생각보다 컸다. 잔디는 거의 대부분 묘지에 많았다. 다들 묘지에 모여서 까만 잔디 씨를 손으로 훑었다. 나중에는 잔디 씨를 훑어 내는 플라스틱 통이 출시될 정도였다. 거의 한나절을 꼬박 투자해야 봉투를 채울 수 있었다.

정말 불행 중 다행으로 우리 때는 없었지만, 가장 황당한 숙제는 '쥐꼬리 모으기'였을 것이다. 이건 형, 누나 때는 있었다고 한다. 1971년쯤 전국적인 쥐 퇴치 운동의 일환으로 학교에서도 동참했나보다.

당시 곤충 채집이 꽤나 귀찮은 숙제였고 다들 잠자리채 같은 걸 들고서 산으로 들로 나갔다. 그런데 부산 출신 지인 말에 따르면 부산에는 꼼수가 있었단다. 학생백화점인가 하는 백화점이 있었는데, 거기에 가면 곤충 채집 세트를 팔았다고 한다. 그걸 사서 곤충을 제출할 노트에 옮겨 핀으로 꾹 눌러서 제출했단다. 방학과는 상관없는 생활이 이어진 지는 오래되었지만, 방학 숙제는 가끔 생각이 난다.

검색의
단점

요즘에는 검색이 너무 빠르고 쉽다. 누구나 휴대폰을 갖고 있으니까. 네이버 검색을 한다면 이건 구세대고, 요즘은 유튜브 검색이 대세란 걸 알고 깜짝 놀랐다. 그런데 실제로 네이버에는 없는데 유튜브에는 나오는 걸 확인하고 또 놀랐다.

자주 보는데 잘 모르겠는 나무와 꽃들이 많다. 거기에 카메라를 들이대면 바로 검색되는 기능이 있는 것에도 놀랐다. 아니, 편리해도 너무 편리하다.

나는 '과꽃'이라는 동요를 참 좋아한다. 선산군의 어느 국민학교 부회장이었던 여학생이 이 노래를 불러서 유난히 과꽃이 좋아졌다. 아마도 과꽃의 사진이나 그림이 분명 '과꽃' 악보 옆에 있지 않았을까 싶다.

나는 40여 년 가까이 과꽃이 어떤 꽃일지 궁금해했다. 큰 접시

꽃이 과꽃이 아닐까 하는 생각을 해왔는데, 알고 보니 큰 착각이었다. 과꽃은 국화꽃을 닮은 꽃이었다. 전혀 예상 밖이었다.

  검색이 없던 시절에는 이런저런 상상을 할 수 있었던 거 같다. 더 좋은 쪽으로 상상하지 않았나 싶다. 그런데 지금은 당장, 즉시 이뤄지지 않으면 답답하고 힘든 시대다. 편리한 건 있지만 엉뚱하거나 재밌는 상상을 하기에 힘든 시대인 것 같다.

별

 딱 이맘때였다. 공장에서 돌아온 어머니는 저녁을 간단히 차리고 싶은 날이었을 거다. 그럴 때면, 국수를 삶곤 했다. 겨울에는 *갱시기를 종종 하셨다.
 그냥 국수를 먹기도 했고, 초고추장으로 버무린 비빔국수를 먹기도 했다. 난 어머니표 비빔국수를 좋아했다. 팔도나 농심이 제 아무리 맛있는 비빔라면을 만들어도 어머니표 비빔국수에는 비길 바가 못 된다.
 국수를 배불리 먹고 마당 가운데 평상에 누웠다. 여느 시골 구멍가게의 평상에는 노란 장판을 깔았지만 우리집 평상은 그냥 나무 그 자체였고 나는 그것이 좋았다. 그렇게 누우면 눈에 들어오는 건 무수히 많은 별이었다. 별이 많아도 참 많았다. 가끔 남미나 몽골 등 사막에서나 볼 수 있는 별과 은하수도 볼 수 있었다.

 별을 볼 때는 무조건 북두칠성과 카시오페아 두 개를 찾았다. 다른 별 또는 별자리를 잘 몰랐다. 있다손 해도 찾기가 쉽지 않았다. 그때는 몰랐다. 그 많던 별을 언제 어디서나 볼 수 있을 줄 알았다.

 그러다 동네에 가로등이 생기고 각 집마다 형광등이 설치되었다. 그리고 어느 때부터인지 별을 보지 않게 되었다. 한가로이 별 구경을 할 짬이 없었던 듯하다. 그리고 서울 생활이 시작되었다.

 이제는 별을 보려면 큰 마음을 먹어야 한다. 10여 년 전 장흥에 있는 송암천문대를 갔다. 아마도 서울에서 가장 가까운 천문대일지도 모르겠다. 하지만 기대만큼 별이 보이지 않았다.

 이번 몽골 출장에서 셋째 날 저녁에 별 보는 일정이 있었다. 울란바토르에서 한 시간 정도 떨어진 곳에 가서 보는 거다. 그런데 그날 구름이 많이 껴서 넷째 날로 변경되었다. 그런데 아, 다음날 아침부터 비가 왔다. 별 보기는 글렀다 싶었다. 그날 종일 구름이 제법 껴 있었다.

 밤 10시 30분에 별을 보러 출발했다. 거의 열두 시가 다 된 시간에 사방에 불빛 하나 없는 한적한 곳에 이르렀다. 여전히 하늘에 구름은 많았다. 그래도 구름 사이로 별들이 보이긴 했다. 그런데 너무 희미하고 너무 적었다. 몽골 시골에서 별 수십 개를 본 걸로 만족할 수밖에 없었다.

　어릴 때는 너무나 쉽고 편하게 별 구경을 했는데, 이제는 큰 마음 먹고 큰 돈을 들여야만 별을 볼 수 있게 되었다. 언젠가 고비사막에 가서 제대로 된 별 감상을 하고 싶다.

*갱시기: 갱죽의 경북 방언. 김치나 시래기 따위의 채소류를 넣고 멀겋게 끓인 죽.

방학
숙제 2

앞에서 말한 방학 숙제들 중에 파리와 잔디 씨 모으기에 대해 말해보겠다. 이름에서 알 수 있듯 파리와 잔디 씨를 모아가는 것이었다. 파리는 성냥갑에, 잔디 씨는 편지 봉투에 가득 채워야 했다. 성냥갑은 생각보다 컸다. 파리 수십 마리로는 어림도 없었다. 거의 100마리 이상이 들어갔던 걸로 기억한다. 방학 막바지에 파리를 100마리 넘게 잡는 일은 정말 어려웠다. 이때 문명의 이기를 이용하면 좋았다. 바로 파리 끈끈이. 끈끈이에 붙어 있던 파리 수십 마리를 일일이 떼어냈다.

잔디 씨 모으기도 짜증 나기는 마찬가지였다. 일단 동네에 잔디밭이 거의 없었다. 잔디가 심겨 있는 곳은 십중팔구 묘지였다. 묘지는 대개 서너 구의 묘가 모여 있었고, 무덤과 무덤 주위에 잔디가 있었다. 잔디 위쪽에 까맣게 붙어 있는 씨를 손으로 훅 훑으면 된다. 나중에는 잔디 씨를 훑는 플라스틱 도구까지 나왔다. 나는 그냥 손으로 훑어서 모은 후 편지 봉투에 가득 담았다. 이것도 최소 서너 시간은 걸렸다. 우리는 경험하지 못한 끔찍한 숙제도 있었다. 바로 쥐 꼬리를 모아가는 숙제. 몇 년 선배의 이야기를 들어보니 쥐 꼬리만 잘라서 제출해야 했다고 한다. 무려 열 개는 넘게 내야 했다고 들었다.

  어른이 되고 나서 좋은 점은 숙제가 없다는 것이다. 물론 숙제 이상의 많은 짐과 멍에를 온몸에 칭칭 감고 있기는 하지만 말이다.

시험
등사기

       요즘 학생들은 시험을 거의 보지 않는다고 한다. 국민학생, 중학생이 시험을 안 본 지 오래되었다고 들었다. 그래서 한국의 학업성취도가 상당히 낮다고 한다. 오늘 우연히 들은 이야기로는 시험이 부활한단다.

  우리 때는 월말고사가 있었다. 그리고 학기마다 중간고사와 기말고사를 봤다. 1년에 최소 10회 정도 시험을 본 것이다. 월말고사 때는 국어, 영어, 수학 세 과목, 중간고사 때는 몇 과목을 뺀 대부분의 과목, 기말고사 때는 전 과목이 시험 범위였던 걸로 기억한다.

  내가 기억하는 시험지는 국민학교 시절, 선생님이 직접 *등사기로 찍어낸 것이었다. 프린터가 없던 그 시절에는 등사기가 있었다. 등사하려면 등사기와 잉크(주로 검은색)가 필요했다. 가장 중요한 단계는 스텐실 용지에 타자기나 손으로 글씨를 써서 등사할 원본을 만드는 일이었다.

타자기로 치면 꽤 그럴듯한 시험지가 만들어졌다. 반면 손으로 쓰면 조금 없어 보였다. 타자기로 칠 때는 한 자 한 자 정성껏 눌러 쳐야 했다. 실수로 오타가 나면 지금껏 친 것이 허사가 되었다. 수정할 수가 없으니 처음부터 새로 시작해야 했기 때문이다.

정성껏 만든 등사 원고를 등사기 안의 실크 스크린에 붙이고, 밑에 놓인 종이에 밀착시킨 후 잉크를 묻힌 롤러를 살짝 누르며 굴리면 인쇄물이 나온다. 이때 너무 세게 누르거나 잉크를 너무 많이 묻히면 지저분하게 나왔다. 선생님들은 방과 후 시험지, 학교 소식지, 가정통신문 등을 만드셨다. 군대에서도 컴퓨터가 보급되기 전까지 각종 서식지를 등사기로 만들었던 기억이 있다.

학교 선생님들의 최대 고충 중 하나가 시험 출제라고 한다. 실제로 시험 문제를 만드는 시기에 그 배우자는 쥐 죽은 듯이 조용해야 가정의 평화를 유지할 수 있다고 한다. 우리 중고등학교 때의 선생님들은 지금보다 더 고생스럽게 시험을 준비한 것같다.

*등사기: 간단한 인쇄기의 하나.

겨울
이야기

　　　중고등학생 시절까지만 해도 시골에는 수도가 집 바깥에 있는 게 일반적이었다. 추운 겨울에 바깥에서 세수하고, 양치질하고, 머리를 감는 것은 여간 어려운 일이 아니었다. 그래서 웬만하면 안 씻었다. 특히 목 부분은 손을 안 댔다. 목을 씻는 건 세수와는 차원이 다른 일이었으므로.

　세수는 대충 물로 훑기만 해도 되었고 찬물로도 가능했지만 목은 달랐다. 목 부분은 유난히 추위가 잘 느껴져서 따뜻한 물이 아니면 안 되었다. 그리고 제대로 씻으려면 윗도리를 벗어야 한다. 하지만 추우니 벗지 않고 윗도리의 칼라 부분만 뒤집어서 안으로 넣고 씻었다. 이렇게 해도 목의 아랫부분에는 물이 닿지 않는다. 사정이 이러하니 목을 씻는 친구는 드물었다. 그래서 겨우내 친구들의 목은 시꺼먼 때로 물들어갔다. 특히 남자애들은 심했다. 겨울 방학이 끝나면 목 때가 제법 껴 있어서 수시로 목 때 검사를 했을 정도다.
 바깥에 있던 수도는 겨울마다 자칫하면 얼었다. 수도가 얼어붙으면 새벽부터 수도관을 녹이는 게 큰일이었다. 물론 밤새 수도를 조금 열어두어 얼지 않게 하면 되는데, 가끔 깜박하고 꽉 잠가놓고 자면 그다음 날 생쇼를 해야 했다. 수도관 주위에 불을 붙여야 해서 수도관은 늘 시커멓게 그을려 있었다.
 뜨거운 물을 만드는 것도 보통 일이 아니었다. 큰 가마솥에 불을 피워 물을 끓였다. 보통은 세 명, 가끔은 네 명이 아침에 머리를 감고 세수해야 해서 물이 부족하곤 했다. 그러면 곤로에도 중간 크기의 냄비에 물을 끓였다. 아무리 아껴 써도 머리 감고, 세수하고, 양치질까지 다 하려면 큰 바가지 서너 개는 필요했다. 나름대로 전략적으로 물을 사용하기 위해 정해둔 순서가 있었다. 일단 머리를 감은 뒤 세수를 해야 한다. 샴푸 거품과 비누 거품이 섞인 상태에서 첫 바가지 물을 쓴다. 두 번째 바가지 물로 머리와 얼굴의 거품을 헹궈내고, 세 번째 바가지 물로 헹군 뒤 일을 마쳤다. 너무 추운 날은 씻는 게 정말 고충이었다. 머리를 감은 후 수건으로 물기를 훔칠 때 그 짧은 시간에도 살얼음이 머리카락에 끼기도 했다.
 이런 원시적인 생활을 하다가 대학생이 되어 잘 지어진 기숙사에 입주하니 정말 좋았고 생활하기 편했다. 수도꼭지만 틀면

콸콸 나오는 뜨거운 물과 난방이 되는 화장실, 세면실, 샤워실은 꿈만 같았다.

  요즘도 가끔은 그때 그 시절이 생각나곤 한다. 따뜻한 실내에서 수도꼭지만 틀면 온수가 나온다는 것이 기적처럼 느껴지고 큰 감사가 나오는 것은 어쩔 수가 없다.

머릿니

머릿니 때문에 고생했던 적이 있었다. 4학년 때였다. 동생도 머릿니가 있어서 어머니가 머릿니 약을 머리에 발라주셨다. 머릿니가 아주 작아도 눈에 보였고, 서로 잡아주고 터트려 죽이는 재미도 있었다.

머릿니가 생길 수밖에 없었다. 왜 그랬을까? 머리를 안 감았으니까. 솔직히 1년에 제대로 머리를 감은 적이 거의 없었다. 제대로 감는 날은 머리를 깎는 날이었다. 두세 달에 한 번 정도 머리를 깎았던 것 같다. 머리 깎는 돈도 아까워 짧은 스포츠머리로 밀었다. 그래서 귀 옆 머리가 삐져 자라나곤 했다. 사실 귀 옆 머리가 단정해야 멋이 나는데, 외모에 신경을 쓸 형편도 못 되었고,, 다들 그렇게 다녔으니 문제가 없었.

목욕하는 날도 머리를 감는 날이었다. 그때만 해도 선산의

'청미장'이니 '참샘목욕탕'이니 하는 대중목욕탕은 가본 적이 없었다. 고등학교 2학년 때 자취하면서 처음 가보았다. 그 전까지는 가마솥에 물을 끓여서 엄청나게 큰 대야에 붓고 거기서 목욕했다. 이런 거사(?)는 1년에 한 번 정도였다. 대체로 설날 직전이었던 걸로 기억한다.

그래도 여름에는 자주 감은 셈이었다. 동네 앞을 흐르는 개천이나 대원 저수지에서 선산 평야로 흐르는 길고 넓은 수로에서 멱을 감았으니까. 물론 샴푸 없이 물로만 대충 감았다.

6학년 때 한번은 머리에 까치집이 생겼다. 학교 선생님이 그걸 지적했는데도 나는 거의 보름 넘게 그렇게 다녔다. 선생님은 왜 까치집이 없어지지 않느냐며 이상하다고 하셨는데, 난 머리를 감을 생각을 하지 못했다. 중학교에 들어가서는 많은 것이 변했고 달라졌다. 매일은 아니어도 이틀에 한 번은 머리를 감았고, 매일 아침 양치를 하고 집을 나서는 깔끔한 청소년이 되었다.

대도,
택리지

　대단한 도둑을 대도라고 부른다. 부잣집만 털어서 유명해진 조세형도 있고, 예고하고 훔치는 괴도 루팡도 있다. 지금 생각해보면 어릴 적의 나는 대도라 불릴 만했던 여러 순간이 있었다. 아홉 살, 열 살짜리 꼬맹이가 하기 쉽지 않은 세 번의 단독 혹은 단체 도둑질을 했다. 어찌 보면 나쁜 짓을 빨리 시작하고 빨리 끝냈는지도 모르겠다. 지금은 개과천선을 한 것처럼 보이니….
　아홉 살, 2학년 때였다. 우리집에는 다락방이 있었다. 그곳에는 귀한 물건이 몇 개 있었고 한동안은 열쇠로 잠겨 있었다. 하루는 어머니의 월급봉투가 다락방 한구석에 있다는 걸 알게 되었다. 당시에는 통장을 만들 필요도 이유도 여유도 없었기에, 이불 속이나 집 안 어딘가에 돈을 숨겨놓고 썼다.

다락방에는 길 밖으로 작은 창이 나 있었다. 아주 작은 창이었다. 돈을 훔치기 위해 작전을 세웠다. 다락방에 들어갈 기회가 생기면 작은 창의 열쇠를 풀어놓고, 밖에서 사다리를 놓아 창으로 침입한 뒤 다락방 어딘가에 있는 월급봉투를 찾아서 500원짜리 지폐를 하나 훔친다. 이게 내 계획이었다.

실제로 그런 기회가 왔다. 그 기회를 놓치지 않았고 계획대로 500원 지폐 한 장을 챙겼다. 그날 나는 2학년 58명 중 10여 명의 졸병을 부릴 수 있었다. 새우깡 한 봉지를 사서 내 말을 듣는 친구들에게 새우깡 서너 개를 뿌렸기 때문이다. 심지어는 덕촌을 관통하는 시냇물까지 마시라고 시켰다. 500원으로 왕이 되었다. 물론 그날 하루뿐이었다.

국기 하강식

옛날에는 국기 하강식이 있었다. 학교, 관공서, 군대 등에서는 오후 6시(동절기에는 5시)에 국기를 내리는 의식이 있었고, 그때마다 애국가가 흘러나왔다. 그러면 모두 국기를 향해 돌아서서 오른손을 가슴에 얹어야 했다. 예외 없이 누구나 참여해야 했다. 그러는 것이 애국하는 중요한 행위라고 여겼다.

그 당시 도시에서는 운전하다가도 차에서 내려 국기 하강식에 참여했다고 한다. 나도 하굣길이나 운동장에서 놀다가 국기 하강식이 시작되면 부동 자세로 2~3분간 서 있기도 했다. 심지어 벌이 얼굴에 앉아도 내쫓거나 잡을 수가 없었다. 하강식 때 움직이는 걸 대단한 불경으로 여겼기 때문이다.

국기 하강식과 게양식이 나의 생활이 될 줄은 몰랐다. 군대에 들어가 1992년부터 1994년까지 아침 6시에 게양식을 했고, 오후 6시에 하강식을 했다. 아침에는 대충 했다. 운동복을 입고 국기를 얼른 올렸다. 하지만 하강식은 제대로 해야 했다. 부대장 등 보는 눈이 많았기 때문이다. 군복을 제대로 갖춰 입고, 군모도 잘 눌러 쓰고, 절도 있게 했다. 졸병 시절에는 태극기 보관함을 들고 선임의 하강식을 도왔고, 선임이 되었을 때는 내가 직접 담당했다. 지금 생각해보면 어떻게 그런 일을 했나 싶다. 그때는 당연히 여겨졌던 일이 지금은 너무나 생소하다.

1983년
어느 가을날의
야외 수업

　　　　5학년까지는 그런 일이 거의 없었는데, 6학년 때는 가끔 야외 수업을 했다. 날씨가 너무 좋아서 산수 시간인데도 야외 수업을 한 적도 있다. 선생님은 우리를 이끌고 교문에서 제일 멀리 떨어져 있는 야외 소각장 바로 앞의 미끄럼틀 쪽으로 데려가셨다. 그곳에는 플라타너스가 몇 그루 있었는데 제법 그늘이 져 있어서 수업하기에 좋았다. 우리는 거기서 각자 들고 온 걸상을 책상 삼아 공부했다.

　6학년 어느 가을날 미술 시간이었다. 보통 수업 시간은 한 시간 내외였지만, 야외 수업을 하기에는 턱없이 부족한 시간이었다. 아마 앞뒤 수업을 빼서 두 시간 정도를 더 확보했던 것 같다. 장소는 학교 뒷산 중턱의 묘소 터였다. (지금 생각해 보면 그 장소는 중부 내륙 고속도로의 선산 휴게소 근처의 지점인 듯싶다.) 산속에 널찍한 장소는 묘지 말고 거의 없기 때문이었다. 30여 명이 여기저기 흩어져서 깊어져가는 가을의 풍경을 스케치북에 담아냈다. 단풍이 울긋불긋 지고 있던 시기였다.

나는 그림보다는 노는 데 더 관심이 많았고, 예전부터 스케치에는 강했으나 채색에는 매우 약했기에 설렁설렁 그림을 그렸다. 붉은색, 주황색, 녹색 물감을 사용해 그냥 느낌대로 무심히 풍경을 그렸다. 그렇게 붓질을 하고 있는데 대반전의 말이 들려왔다. 선생님이 아주 잘 그렸다고 칭찬하신 것이다. 세상에, 대충 이 색 저 색 찍어 발랐을 뿐인데, 단풍의 풍경이 잘 표현되었다고 생각하셨나 보다. 그래서 그때부터 신경을 써서 세심하게 붓질했다. 또 한 번의 반전이 일어났다. 선생님은 내 그림이 엉망이 되었다고 하셨다. 대충 그렸을 때는 좋았는데, 되려 신경 써서 그리다가 엉망이 된 것이다.

가끔 일이나 인생이 이렇게 흘러갔던 것 같다. 대충 한 일은 오히려 잘되었고, 신경을 썼던 일은 좋은 결과를 얻지 못하기도 했다. 알다가도 모를 인생이다.

삼시세끼

TV 프로그램 '삼시세끼'가 돌아왔다. 가장 유쾌한 조합인 배우 유해진과 차승원 그리고 순진하고 착해 보이는 손호준이 출연한다. 통발을 던지던 유해진과 시원찮은 소득을 타박하던 차승원이 나왔던 것이 벌써 5년 전이란다. 아! 5년이라니. 참 시간이 빨리 지나가는구나. 대학생 같던 손호준의 나이가 37세라고 한다. 아저씨 나이 아닌가. 이렇게 나는 중년이 깊어져가고 꼰대가 되어 가고 있다.

삼시세끼는 한 단어로 설명하면 '돌밥돌밥'이다. 돌아서면 밥해야 하고, 또 돌아서면 밥해야 하기 때문이다. 이쯤 되면 먹기 위해 사는 것 같다. 그럴 수밖에 없는 게 그곳에는 흔한 전자레인지도 없고, 가스레인지도 없고, 전기 압력밥솥도 없다. 당연히 인덕션도 없고 에어프라이어도 없다. 옛날식으로 나무로 불을 피워서 밥을 짓고 국을 끓이고 전을 부친다. 나무로 불을 피우는 일은 정말 어렵다. 그래도 그들은 나무하는 것은 면제받았으니 그나마 다행이다. 해본 사람은 알겠지만, 나무를 해오는 것은 큰일이다. 굵은 나무를 벤 뒤 다시 통나무 크기로 잘라야 한다. 또 그걸 쪼개야 한다. 도끼로 쪼개는 작업은 그나마 재미도 있고, 통쾌함도 느낄 수 있다.

 나는 어렸을 적 불을 붙이는 걸 어려워했다. 불씨가 좀 타다가도 곧잘 꺼졌다. 상당한 노하우가 필요한 일이었다. 불쏘시개를 잘 활용해야 하고, 쪼개서 말린 나무를 잘 포개야 한다. 그리고 공기도 잘 통해야 한다. 불 피우는 일에 약했던 나는 군불이든 쇠죽 끓이는 불이든, 불을 제대로 피우면 큰일을 해낸 것처럼 뿌듯했다.

 어릴 적 나무를 해와서 불을 피우던 시절에 토치와 전기톱이라는 신문물이 있었다면 얼마나 편했을까. 1980년대에는 이 두 가지 장비는 굉장한 사치품이었다. 버튼 하나만 눌러 화력 좋은 가스레인지 불을 켜고, 금세 데워주는 전기레인지를 사용한다는 것은 감사한 일이다. 요즘은 빨리 달궈지는 인덕션을 보면서 세상 참 좋아졌지 싶다.

고무줄

고무줄 하면 많이들 고무줄놀이를 떠올릴 것이다. "전우의 시체를 넘고 넘어." 이런 전쟁 노래를 부르면서 신나게 고무줄을 넘던 가시나들의 놀이 말이다. 그걸 눈 뜨고 못 보고 칼로 싹둑 끊고 도망가던 악동, 김현철도 있었다.

나는 고무줄 하면 고무줄 바지가 생각난다. 어렸을 적 학교에 입고 다니던 외출복은 편한 운동복 바지였다. 검정 고무줄이 허리춤을 잡아줬다. 그 운동복은 잠옷으로도 입었다. 길게는 일주일 내내 그 옷 하나로 먹고, 자고, 놀고, 학교도 갔다.

그 고무줄 바지가 유독 6학년 때 문제를 많이 일으켰다. 체육 시간에 배구 경기를 하던 날이였다. 나는 수비하기 위해 두 팔을 모아 공을 주시하고 있었는데, 그때 '툭' 하는 작은 소리가 들렸다. 불길한 예감이 퍼뜩 들었다. 아니나 다를까 바지가 주

르륵 흘러내렸다. 나는 놀라운 반사 신경으로 바지를 잡아챘다. 조금만 늦었으면 큰 창피를 당할 뻔했다.

 결국 경기장을 떠나 허리춤을 쥐고 교실로 향했다. 쉬는 시간에 이혜경 선생님이 새 고무줄을 가져와 고쳐주셨다. 물론 나는 바지를 입은 채였다. 그 뒤로 세 번은 더 바지 고무줄이 끊어졌다. 그래서 늘 긴장한 채로 지냈던 기억이 아직도 생생하다.

볏짚

 십여 년 전 기차를 타고 가다가 '도대체 저건 뭐지?' 싶은 하얀 물체들이 논 중간중간에 놓여 있는 걸 봤다. 마치 거대한 마시멜로 같아 보였다. 논 한가운데 있는 걸로 봐선 볏짚이겠구나 추측했는데. 역시나 볏짚이었다. 볏짚을 하얀 랩으로 꽁꽁 싸맨 것이었다. 유기농 볏짚을 약품 처리해서 보관한 뒤, 1년 내내 소 여물로 사용하는 것이라고 해서 세상 참 좋아졌네 싶었다. 영상을 찾아보았는데, *로더라는 중장비가 척척 볏짚을 랩으로 씌우는 게 참 신기했다.
 예전에는 묶어둔 볏짚단을 사람 키의 거의 두 배 정도로 쌓아 올린 뒤, 밧줄로 꽁꽁 매서 집으로 옮겼다. 볏짚단을 한가득 실은 경운기가 움푹 팬 길을 지나가다 덜컹거리면, 한쪽으로 기울어져서 조마조마하기도 했다. 잘못하면 경운기가 뒤집어질 수도 있었다.

　집에 돌아와 마당 한쪽에 바닥 공사를 대충 해놓고 짚단을 한 단씩 쌓았다. 지붕에 닿을 만큼 쌓다 보니, 내가 아래서 힘껏 던지면 형이나 아버지가 위에서 차곡차곡 쌓아나갔다. 다 쌓은 후에는 바람에 날리지 않게 비닐로 감싸 고정했다. 그리고 곶감 빼 먹듯이 볏짚을 빼서 여물로 만들어 쇠죽을 끓였다. 참 고생스러운 시절이었다. 지금도 고향에서 이런 일을 하고 있는 친구가 있겠지.

　그리고 옆집 논바닥에는 미처 쌓지 않은 볏짚단이 있었다. 우리는 그 볏짚단으로 본부를 만들고 그 안에 들어가 놀았다. 솔직히 먼지를 다 뒤집어쓰고 놀던 거였다. 그렇게 놀고도 대충 세수하고, 옷만 툭툭 털고 자고, 같은 옷을 입고 학교에 갔다. 한겨울에는 볏짚단 속에서 얼어 죽은 쥐도 심심찮게 보곤 했다. 위생과는 거리가 멀었던 그 시절, 건강하게 살아남았다는 게 기적 같다.

*로더(loader) : 동력삽처럼 짐을 싣는 데 쓰는 기계.

지붕 없는 화장실

신곡(봉곡 2동의 다른 이름)의 우리집 화장실에는 지붕이 없었다. 1976년인지 그다음 해인지는 잘 기억나지 않지만, 집을 새로 지을 때부터 지붕을 안 만들었다. (돈이 없어서 못 만들었다.) 벽돌로 벽만 쌓아 올리고 지붕은 얹지 않았다. 심지어 벽돌 표면에 시멘트도 바르지 못했다. 그 집을 헐었던 1997년까지도 그랬다. 그래서 불편할 때가 많았다. 특히 비가 오는 날 그랬다. 우산을 쓰고 볼일을 봐야 했다. 그리고 빗물이 바닥에 차오르는 것도 여간 신경이 쓰이는 게 아니었다.

똥통도 문제가 많았다. 산에서 적당한 굵기의 나무를 베 와서 대패로 다듬은 다음 똥통 위에 걸쳐 놨는데, 1~2년에 한 번은 갈아줘야 하는 불편함이 있었다. 게다가 비 오는 날은 미끄러워서 똥통에 빠질 위험도 있었다. 실제로 4학년 때, 잠깐 방심하다가 오른발이 미끄러져 빠진 적이 있다. 얼른 수돗가로 달려가 한참 동안 비누로 열심히 닦았다. 다행히 독은 오르지 않았다. 우리집처럼 지붕 없는 화장실이 더러 있었다. 옆옆 집도 그랬고, 우리 큰 이모네도 그랬다. 장점이 하나 있었다. 확실히 냄새는 덜 났다.

요즘은 화장실이 워낙 잘 만들어져 있고 깨끗하게 유지된다. 그래서 예전의 재래식 화장실(우리는 '통시'라고 불렀다)에서 볼일을 보려면 참 난감하다. 2009년 선교 여행차 중국 만주에 갔다. 중국의 시골 동네의 화장실은 더 가관이었다. 나는 그런대로 참을 만했지만, 같이 갔던 여고생, 여중생들은 멘붕이 온 듯했다. 아예 물을 안 마셨다. 화장실을 안 가려고. 충분히 이해되었다. 지금 우리는 참 좋은 세상에서 살고 있다.

풍경

세상에서 가장 아름다운 풍경은 무엇일까? 예쁘게 피어 있는 코스모스 꽃밭? 설악산의 붉은 단풍? 홍천 은행 숲의 노란 잎들? 동해의 일출, 서해의 낙조? 이 글을 읽는 독자들이 생각하는 것은 무엇인가?

어떤 가수는 아주 엉뚱한(?) 생각을 가사로 쓰고 예쁜 노래를 만들었다. 시인과 촌장의 멤버 하덕규의 〈풍경〉이라는 노래다. 하덕규는 조성모가 불러 더 유명해진 노래 〈가시나무〉의 원곡자다.

가사가 너무 심플하다. '세상 풍경 중에서 제일 아름다운 풍경. 모든 것들이 제자리로 돌아가는 풍경' 딱 두 줄이다.

이 가사가 네 번 정도 반복되고 노래는 끝난다. '모든 것들이 제자리로 돌아가는 풍경'이 가장 아름답다니. 굉장히 놀라운

정의다. 그런데 곰곰이 생각해보니 공감이 갔다. 우리가 힘든 하루 일을 마치고 집으로 돌아갈 때 느끼는 감정, 현관문을 열고 들어설 때 느껴지는 그 아늑함, 편안함. 그건 정말 사소하지 않다. 게다가 힘든 여행을 마치고 집으로 돌아올 때의 느낌 또한 마찬가지다. (여행의 참된 의미는 집이 좋다는 걸 느끼게 해준다는 거라고 누군가 이야기했다.)

그래서일까? 사람들은 나이가 들면 옛 추억에 잠기고 그때의 노래와 사람들에 빠든다. 그리고 1년에 한두 번 내려가는 고향의 정취에 흠뻑 젖기도 한다. '은퇴하면 고향에 내려갈까?' 생각케 되기까지 하니.

고향, 가족, 친척, 친구, 선생님, 산과 시내와 길. 이보다 가슴을 설레게 하며 마음을 촉촉히 적셔주는 단어들이 있을까?

어린 시절이 그리울 때
찾아 읽는 추억 이야기

그 속에서
놀던 때가
그립습니다

초판 1쇄 인쇄 2023년 12월 26일
초판 1쇄 발행 2024년 01월 10일

지은이	택리지
펴낸이	이진영 배민수
기획·편집	밀리&셀리
편집자	강해솔, 조영신
디자인	노윤경
마케팅	태리
펴낸곳	(주)테라코타 출판등록 2023년 1월 13일 제2023-000019호
주소	서울특별시 강남구 남부순환로 2921, 164호
메일	terracotta_book@naver.com
인스타그램	@terracotta_book

ⓒ 택리지, 2024
ISBN 979-11-93540-01-5 03810

* 이 책의 전부 또는 일부 내용을 재사용하려면 반드시 사전에 저작권자와 (주)테라코타의 동의를 받아야 합니다.
* 인쇄·제작 및 유통상의 파본 도서는 구입하신 서점에서 바꿔드립니다.
* 책값은 뒤표지에 있습니다.